現場で使える
簿記・会計

上野清貴 編
Ueno Kiyotaka

中央経済社

《執筆者紹介》

上野　清貴（中央大学）	編　集
小野　正芳（千葉経済大学）	第1章
吉田　智也（中央大学）	第2章
市川　紀子（駿河台大学）	第3章
島本　克彦（大和大学）	第4章
本所　靖博（明治大学）	第5章
竹中　輝幸（全国経理教育協会）	第6章
望月　信幸（熊本県立大学）	第7章
加瀬きよ子（江東商業高等学校）	第8章
島崎　杉雄（東京理科大学）	第9章
堀江　優子（明星大学）	第10章
中野　貴元（㈱エヌジェーケー）	第11章
石山　　宏（山梨県立大学）	第12章
原田　　隆（東京工業大学）	第13章
浅野　千鶴（明治大学）	第14章
金子　友裕（東洋大学）	第15章
加瀬　　豊（公認会計士）	第16章
畑下　裕雄（公認会計士）	第17章
新谷　幹雄（税理士）	第18章
一瀬　嘉彌	第19章

序　文

　本書は，入門レベルの検定試験に合格し，実務を始めた方を主な読者として想定し，入門レベルの検定試験（知識）と初歩の実務（業務）を橋渡しすることを目的としています。

　入門レベルの検定試験では，企業で実際に行われているであろう基本的な取引の処理能力が問われます。しかし，実務の現場では，業務の流れに応じた必要な処理を自らの判断で行っていく必要があります。それとともに，検定試験には出てこないさまざまな帳簿・管理簿へ実際の業務活動内容を記入し，その帳簿に基づく管理業務（在庫管理・発注・資金繰りなど）を行うことなども必要とされます。ここに検定試験と実務との差があり，この差を埋めようとするのが本書の目的です。

　簿記・会計は企業の業務を記録する道具であり，実務では，企業がどのような業務をどのような順番で行っているのかを明確に意識することが，とても重要です。一方，検定試験のための学習では，業務の順序などはまったく考慮されず，仕訳や勘定記入の学習が中心で，記録同士の関係や作成された情報の利用方法などが問われることはありません。しかし，情報は利用するためにつくるのであって，その利用方法を考慮せずに情報の作成方法を学んでも，その学習の効果は半減すると思います。

　そこで本書では，企業の業務フローを示し，各業務において重要とされる一連の会計記録を明示します。このとき，検定試験のための学習で得た知識が経理の現場でどのように役立ち，その知識でつくられた会計記録が業務にどのような役立ちをもたらすのか，という点に焦点を当てています。本書によって，読者の皆様が将来，会計実務のエキスパートになられることを切に希望します。

　最後に，出版事情の厳しい中で，本書の出版を快くお引き受けいただいた中央経済社代表取締役社長の山本継氏および同取締役専務の小坂井和重氏に感謝申し上げます。ここに，あらためて心より謝意を述べさせていただきます。

2017年2月

　　　　　　　　　　　　　　　　　　　　　　　編者　上　野　清　貴

目　次

序　文

第 1 章　会社の活動と会計記録 ……………………………………………… 1

　　1　会計知識をよりよく生かすために・1
　　2　会計情報の使い方・3
　　3　活動の種類と会計記録・5
　　4　主たる事業活動と会計記録・7
　　5　資金管理活動と会計記録・7
　　6　その他の会計記録・10
　　7　賢い会計人になろう・11

第 2 章　購買活動と会計記録 …………………………………………………12

　　1　購買部門（仕入部門）の仕事の流れ・12
　　2　商品の購入のタイミングと在庫管理・20
　　3　購買部門（仕入部門）の重要性・22

第 3 章　販売活動と会計記録 …………………………………………………23

　　1　販売活動の重要性・23
　　2　販売部門の仕事の流れ・25
　　3　売掛金の管理の流れ・27

第 4 章　債権・債務管理と会計記録 …………………………………………32

　　1　債権管理・32
　　2　債務管理・38

3　債権・債務の分析指標・39

第5章　給与計算業務と会計記録 ································ 43

　　　1　給与明細書からみた毎月の給与計算業務・43
　　　2　給与計算の年間業務と必要な知識・47

第6章　経費支払い業務と会計記録 ································ 55

　　　1　経費の意味・55
　　　2　経費の分類・57
　　　3　経費の消費額の違いによる分類・57
　　　4　経費の種類と仕訳・58

第7章　製造活動と会計記録 ································ 66

　　　1　原価計算の意味・66
　　　2　費目別計算と原価計算表・68
　　　3　製造間接費の計算・72
　　　4　製品別計算と製造原価明細書・74

第8章　設備投資活動と金融投資活動 ································ 76

　　　1　投資の意味・76
　　　2　設備投資活動・78
　　　3　金融投資活動・82

第9章　資本政策と財務活動 ································ 87

　　　1　財務活動と資金管理・87
　　　2　内部からの資金調達・93

3　外部からの資金調達・95

第10章　資金計画と資金繰り表 ……… 99

1　資金繰りの重要性・99
2　資金繰り表の種類・102
3　資金繰り表の作成方法・106

第11章　出納業務と現預金 ……… 111

1　会社の決済手段・112
2　現金の出納と管理・112
3　預金の種類と口座の開設・114
4　会社の出納業務・117

第12章　会計制度と財務諸表 ……… 122

1　株式会社における決算・122
2　すべての会社に適用される決算・125
3　上場会社に適用される決算・128
4　貸借対照表・損益計算書以外の財務諸表・132

第13章　予算と管理会計 ……… 134

1　管理会計と予算の関係・134
2　予算の仕組み・137
3　差異分析・143

第14章　法人税等の申告と納付 ……… 146

1　会社に関係する税金・146

2　企業会計と法人税法の違い・147
　　3　所得金額の計算・149
　　4　法人税の申告・151

第15章　消費税等の申告と納付 ── 157

　　1　会社に関係する法人税等以外の税金・157
　　2　消費税の意味・158
　　3　消費税の計算・163
　　4　消費税の申告と納付・166

第16章　企業集団と連結財務諸表 ── 168

　　1　企業集団と連結財務諸表の意味・168
　　2　連結財務諸表の作成手順・171
　　3　連結消去仕訳・174
　　4　持分法・179

第17章　会計業務と監査 ── 180

　　1　監査の意味・180
　　2　監査役監査・182
　　3　内部監査・184
　　4　会計監査人監査・185
　　5　三様監査・188

第18章　財務情報と財務分析 ── 190

　　1　財務情報と財務分析の重要性・190
　　2　収益性分析・191
　　3　効率性分析・196

4　安全性分析・198
    5　成長性分析・200

第19章　会社経営と簿記・会計 201

    1　簿記・会計はビジネス・コミュニケーションの発信基地・201
    2　経営の視点と簿記・会計・206
    3　企業価値を高める・210

索　引 212

第1章

会社の活動と会計記録

> **学習で得た会計知識をスムーズに実務で使えるように**
>
> 1. 会計情報の使い方を知ることがとても重要です。
> 2. 会社の活動の流れを知ることが、会計記録の必要性を理解する最大のポイントです。

　せっかく学習して得た会計知識なのですから、うまくそれを実務に生かしたいですよね。しかし、簿記の資格を取っただけではその知識をうまく実務に生かすことができないといわれることが多々あります。なぜ、そんなことになるのでしょう。本章では、得た知識を実務にうまく生かすために常に意識しておかなければならないことについて説明します。

1　会計知識をよりよく生かすために

●──検定試験で得た知識と実務の橋渡し

　これまで皆さんはさまざまな理由で簿記・会計の学習をしてこられたことでしょう。その中で最も多いのは「実務（仕事）に生かすため」ではないでしょうか？　その一方で、「学習して得た会計知識を、すぐにうまく、実務（仕事）に生かしにくい。検定試験と実務は違う。」という話もよく聞きます。

　学んだ会計知識をうまく実務に生かせないなんて、もったいない話だと思いませんか。なぜ、会計知識を実務でうまく生かせないのでしょう。

　それに対する1つの有力な、そして当然の答えとして、「実務を意識した学習（試験勉強）をしていないから」という理由をあげることができます。多くの簿記テキストでは項目（勘定）ごとに記録方法を学習します。学習する上では、そのような構成が最も効率的ではあるのですが、実務では、項目ごとに記録を進めていくわけではありません。いうまでもなく、実務ではその会社が行う活動に沿って記録が行われます。活動に沿った帳簿が用意され、活動順に帳

簿に記録し，さまざまな部署と会計データをやりとりしながら記録を進め，個々の記録を分類・集約して会計情報をつくりあげていきます。しかし，会社の活動の順序は簿記のテキストではほとんど考慮されません。

このように「テキストでの学習順序と会社の活動順序が異なる」ことが，学習で得た知識をうまく実務に生かせない最も大きな理由であると私たちは考えています。私たちは実務家，試験実施主催者，教員の集団であり，「知識と実務が乖離していること」をとても危惧しています。そこで，会計知識を「実務によりよく生かすこと」を明確に意識して，簿記・会計の学習と実務の橋渡しをしなければと考え，本書をつくることにしました。

●──会計情報の使い方を意識する

では，なぜ簿記のテキストでは「会社の活動の順序」が考慮されないのでしょう。それは個々の記録の集合体である**会計情報の使い方**を教える必要がないからです。特に検定試験対策のテキストでは記録の「付け方」に重点をおけば十分で，つくられた情報の「使い方」を考慮する必要がありません（出題されないからです）。

しかし，現実は逆です。会社は自らをよりよい状態にもっていくために，自らの現状を知らなければなりません。自ら行っている一連の活動の状態を知るために，「活動記録の集合体である会計情報を使う」のであり，だからこそ「活動の順序に沿って記録する」必要があるのです。情報を使うため（目的）に記録するのです（手段）。つまり，知識と実務の乖離を縮めるために必要なのは，

(1) 会計情報がどのように使われるのか

(2) 会計情報を構成する個々の記録がどのような順序で付けられたのか

を考えるということです。本書ではこの視点を重視して，皆さんがすでにお持ちの会計知識を実務によりよく生かすことができるようになるためにお手伝いしたいと思います。

2　会計情報の使い方

●――会社内部者による情報利用

　最大の**会計情報の利用者**は会社内部で仕事をしている方々でしょう。

　会計情報の利用というと，取締役などの経営者が会計情報を使ってさまざまな意思決定を行っている場面を想像されるかもしれませんが，会計情報を使うのは取締役のような経営者だけではありません。部長，課長，係長，主任といったあらゆるレベルの管理者，そして，実際に仕事をしている一人ひとりの従業員が，自らの活動の状況を把握し，求められている責任を果たしているかどうかを確認するために会計情報を利用します。

　たとえば，営業課長であれば目標どおりに売上を獲得できているかどうかを確認するために関連する会計情報を利用するでしょう。営業活動がうまくいっていない場合，販売数量の面での問題なのか，販売単価の面での問題なのかなど，活動を分解して調査します。会社にはさまざまな部署があり，それぞれが自らの責任を果たすために，自らの活動の状況を把握しなければならず，そのために会計情報が利用されるのです。

　さらに，トップ層は，企業に資金を提供している投資家への説明責任を想定して，会社全体として，投資家から提供された資金を効率的に使ってより多くの利益を獲得できているのか，そしてさらなる利益を獲得するために改善すべき点はないのかといったことをはじめ，会社が行うあらゆる活動を詳細にすべて知らなければなりません。

　会社内部で仕事をしているすべての人々が，詳細な記録を検証・分析し，今後の活動の改善につなげていくのです。

●――会社外部者による情報利用

　さまざまな人々が会社と関係をもっています。

　たとえば，投資家といわれる人々は，会社に対して活動資金を提供しており，会社の活動状況とその結果（主に利益情報）を知りたいと考えるでしょう。会社の活動結果に応じて，株主にとっては配当金や株価が変わってくるでしょうし，銀行家にとっては貸したお金の返済可能性が変わるでしょう。ですから，

会計情報をチェックして，投資家でい続けるのかどうかを考えなければなりません。税務当局であれば，会社活動の結果に応じた税を受け取りますから，やはり会計情報をチェックしたいと考えているでしょう。

ほかにも会社はその活動を通じて，消費者，地域住民など多くの人々に影響を与えます。程度の差はあるでしょうが，多くの人々が会社活動に関する情報を知りたがっているのです。

このように会計情報は多くの人に利用されます。そのために個々の記録が付けられます。ですから，情報がどのように使われるかを意識することがとても重要なのです。

◉──具体例：仕入帳は何のためにつくり，どう使うか

ここで，1つ具体例を考えてみましょう。入門レベルの簿記では「仕入帳」の記入方法を学習します。では，最大の情報利用者である会社内部者が，この「仕入帳」(図表1-1)をどのように使うのか考えてみましょう。

図表1-1 仕入帳

仕　入　帳

平成×年		摘　　　　要		金　　額
11	12	函館商店	掛	
		メモリカード　40枚　@¥2,200		88,000
	16	函館商店	掛返品	
		メモリカード　10枚　@¥2,200		**22,000**
	30		総仕入高	88,000
			仕入値引・戻し高	22,000
			純仕入高	66,000

商品の仕入れには会社内部の多くの人が関わります。

商品管理部門の担当者は，誰から，どのくらい商品を仕入れているのかをチェックし，発注した商品の状況を把握するために仕入帳を使います。その後，商品有高帳などへ記録し，商品ごとの在庫管理を行います。

商品を仕入れると代金支払いが必要です。経理部門の担当者は誰にいくら払

うのかを把握するために仕入帳を使います。その後，それを買掛金元帳などへ記録し，代金支払い状況を把握することになります。

　仕入部門の責任者は，自らの部門の仕事をより効率的にするために，仕入先の選定を行うさいの基礎的な情報として，この情報を使うことになるでしょう。返品作業をしても会社に何か新しいプラスの価値がもたらされることはありません。まったくの無駄な作業です。つまり，値引き・返品が少ない状況こそ，仕入活動が順調に行われていることの証拠であり，仕入活動の責任者は値引き・返品の状況に注目するのです。

　皆さんは，検定試験を受けるための学習をするとき，仕入帳の末尾3行をわざわざ分けて記録するのはなぜか，面倒に思った方も多いでしょう。でも，仕入部門長が仕入帳をこのように使うということを意識すれば，末尾3行を分けて記録する理由が明確にわかるだけでなく，記録方法を覚えるのもラクに感じるのではないかと思います。

　このように，仕入帳という会計情報が大切であり，その使われ方が多様であることがわかります。裏を返せば，学習した記録方法が役に立つ情報を生み出し，企業の活動をよりよくするために大いに使われていることがわかります。

3　活動の種類と会計記録

　もう少し活動全体を眺めてみましょう。
　会社はさまざまな活動を行っていますが，その活動は，
(1)　会社の主たる事業活動：財・サービスを仕入れ・生産・販売する活動
(2)　資金管理活動
　　① (1)に伴う金銭授受を行う活動（営業活動）
　　② 調達した資金をさまざまな活動に配分する活動（投資活動）
　　③ 会社活動の元手となる資金を調達する活動（財務活動）
に大別できるでしょう。まずはこれら(1)・(2)の活動を詳細に記録する必要があります。

　そして，情報利用者のためにこれらの活動をまとめる作業（決算）を行います。日次・週次・月次・四半期・半期・年次などのタイミングでまとめられた情報が投資家や経営者に利用されます。また，会社活動を行うにあたっては事

前の計画（予算）を立てる必要があり，予算策定において，決算情報は有力な情報です（活動(3)）。

さらに，会社活動の結果として税を収めなければなりません。税の目的に沿って，特定の活動に関する優遇などがありますから，決算情報だけでなく，過去の活動の実績に関する元の情報が必要です（活動(4)）。

そして，これらの活動に沿って帳簿が作成されます。代表的な活動と帳簿がどのようにつながっているのかみてみましょう。

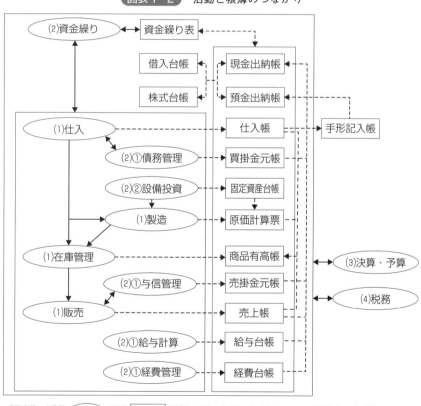

図表1-2　活動と帳簿のつながり

本書では，会社の活動に焦点を当てて，記録の必要性，役立ち，記録方法を学習します。

4　主たる事業活動と会計記録

　会社は大きくモノを扱う会社とサービスを扱う会社に分けられ，その**主たる事業活動**とは，新たな価値を付加して消費者へ提供することであるといえます。

　モノを扱う会社の場合，会社はモノを仕入れ（製造業の場合にはそれを加工し），販売します。会社は，この過程でさまざまな価値を付加します。小売業の会社が付加する新たな価値として，多くの商品を店舗に並べて「買い物をする楽しさ」を提供することをあげることができるでしょう。

　サービスを扱う会社では，会社が所有するさまざまな資源（ヒト・モノ・カネ・情報）を使って無形のサービスを提供します。急速に発展しているクラウドのITサービスはその代表例でしょう。さまざまな資源を結びつけることで新たな価値を生み出しているのであり，その詳細な記録が必要となり，コンピュータ（固定資産）や人件費に関する記録が必要となるでしょう。

　これらの活動の詳細が仕入帳，原価計算票，商品有高帳，売上帳，給与台帳，経費台帳に記録されます。会社内で仕入れたモノにどのような価値がどのように付加されているのかが各種帳簿に記載され，会社の活動の状況が示されるのです。

　このように，会社の主たる事業活動では，モノの動き（仕入・売上・在庫・製造活動）に関する記録，価値を付加する活動に伴って生じるさまざまな経費に関する記録が必要となり，以上のような帳簿が作成されます。第2章，第3章，第5章～第7章で，主たる事業活動に沿った記録の流れを学習します。

5　資金管理活動と会計記録

　会社は主たる事業活動を行うことを最大の目的にしていますが，資金管理抜きに主たる活動を継続することは困難です。手許の資金が底をつくと，そこで会社活動が止まってしまうため，資金が底をつかないように細心の注意を払う必要があります。

　たとえば，100万円の現金を元手に事業を始め，80万円の商品を現金で仕入れ，それをすべて120万円で掛け売りしたとしましょう。その後，電気料金30

万円の支払いをしようとしました。このとき，次のような状態になります（黒字倒産）。

> 利益＝売上－（仕入＋電気料金）＝120万円－（80万円＋30万円）＝10万円
> 現金残高＝100万円－（80万円＋30万円）＝△10万円

　儲かっていますが，資金は残っていません。便宜上，現金残高を△10万円と表記しましたが，そもそも電気料金を全額払えていない状態です。掛け代金を回収できれば問題ありませんが，掛け代金を回収するまで電気料金の支払いができず，この状態では会社の活動を続けることは困難です。

　ここで皆さんお気づきかと思います。「資金の管理」で重要なことは「資金残高の管理」だけではなく，「その出入りのタイミング」まであわせて管理することなのです。さまざまなところで起こる収入・支出を，そのタイミングまであわせて管理しなければならないため，営業活動，財務活動，投資活動を総合的に管理しなければなりません。

◉――営業活動と資金管理

　営業活動では，仕入先に対する買掛金（あるいは支払手形）の管理，得意先に対する売掛金（あるいは受取手形）の管理が必要となってきます。会社取引のほとんどは営業活動であり，それに伴う金銭の授受ですから金額的には膨大です。取引相手ごとに，いくらの金銭の授受がなされるのか，そして，どのタイミングで手形が決済されるのかをしっかり把握しなければならず，そのために買掛金元帳，売掛金元帳，手形記入帳などが作成されます。第4章で**営業活動に関する資金管理**の記録方法を学習します。

◉――投資活動と資金管理

　投資活動とは会社の主たる活動を支えるための各種設備等への投資や，余剰資金の運用などの活動のことです。

　会社が主たる活動を行うためにはさまざまな設備が必要です。小売業・サービス業であれば，店舗や倉庫として使う土地・建物，店内の什器や照明などの各種設備などが必要でしょう。製造業であれば，工場などとして使う土地・建物，製造設備，輸送用設備などが必要でしょう。これらを使わなければ主たる

活動を継続的に行うことはできず，計画的な投資が求められます。また，現代ではコンピュータシステムも必須ですから，ソフトウェアへの投資も必要でしょう。

投資活動に関する記録は，減価償却計算を通じて，主たる活動に関する記録とつながり，重要です。

また，図表1-2には含めていませんが，会社は余剰資金を運用することもあり，短期の有価証券投資を行うこともあります。その場合には，有価証券台帳なども必要となるでしょう。第8章で**投資活動に関する資金管理**の記録方法を学習します。

●──財務活動と資金管理

会社は株主からの資金の拠出を受け，その資金を使って活動を始めます。また，銀行から資金を借り入れて，活動に投入します。ですから，複数の主体からの資金調達に関する詳細な記録を付けるために株式台帳，借入台帳などの帳簿が必要となるでしょう。

株式発行によって調達した資金は返済する必要がないため，その後の資金管理にそれほど影響を及ぼさないと考えられますが，借り入れによって調達した資金の場合，定期的な利払い，返済のための支払いが必要です。いつ，いくら払うのかをしっかり把握し，それまでに支払い原資を確保しなければなりません。第9章で**財務活動に関する資金管理**の記録方法を学習します。

●──企業全体の資金管理

以上のように，営業活動，財務活動，投資活動といった幅広い領域で，資金額だけではなく，収入・支出のタイミングまであわせて資金を管理することが必要です。そこで，これらの総合的な管理を行うための帳簿が必要となります。資金の面でいえば，営業活動，財務活動，投資活動はそれぞれ独立した活動ではなく，相互につながっている活動です。財務活動で得られた資金が投資活動に投入され，その結果，営業活動での収入をもたらし，財務活動での返済に回されるといった具合です。資金残高がゼロにならないように，それらの活動が実行されるように管理する必要があり，資金繰り表などの帳簿でそれがなされます。

このように，活動ごとに詳細に行われた記録を統合し，全体を調整しながら，管理していく必要があるわけです。第10章，第11章で**企業全体の資金管理**の記録方法を学習します。

6　その他の会計記録

●──決算・予算

個々の記録は決算の作業によってまとめられます。

決算はさまざまなタイミングで行われますが，会社外部の情報利用者に向けた情報をつくるためには四半期，半期，年次などのタイミングで単体決算，連結決算が行われ，外部へ報告されます。この場合，報告される情報の正当性が担保される必要があり，上場会社・大会社においては，その会社からは独立した会社外部の第三者（監査法人，公認会計士）の監査を受ける必要があります。第12章，第17章で外部への会計情報の報告とその監査について，第18章で投資家が企業を評価するために必要な情報について詳しく学びます。

これら決算の情報は，それ以降の会社活動を計画するさいの基礎資料となります。投資家から，会社は成長することを求められます。成長するためにはこれまでの実績を踏まえて，今後の計画を立てる必要があります。これまで1億円の売上しかなかった会社が突然100億円の売上を獲得できるはずはありません。目標は大きくてもかまいませんが，計画は現実に沿ったものでなければなりません。第13章で予算を考えるさいに必要な記録について学習します。

決算・予算業務はグループ単位で行う必要もあります。現代社会では，グループでさまざまな役割を分担しています。多くの場合親会社が司令塔となっており，投資家はその親会社に投資をすることになりますから，投資家・親会社の経営者にとって親会社の状況だけでなくグループ全体の状況を知る必要があります。グループ全体の情報をつくり出す作業を連結決算といっており，現代では多くの会社で実践されています。第16章で，グループ全体の活動を把握するために必要な記録について学習します。

●──税務

会社は，会社活動の結果として税を納めなければなりません。会社が扱う税

金として，法人税，消費税，固定資産税などがあげられます。

　法人税は会社の所得に課税されますから，会社が所得を得るに至った活動を詳細に記録しておかなければなりません。消費税は自らが仕入先などに支払った額と顧客などから預かった額の差額を納める税であり，取引においては，この部分を明確に区別して記録しておく必要があります。固定資産税は会社が所有する固定資産に課税されますので，固定資産の詳細な管理が必要です。第14章，第15章で**税務**のために必要な記録について学習します。

7　賢い会計人になろう

　会計は会社の活動を記録する道具です。そして，活動の記録を利用しなければならない人達のために使われます。ですから，会社がどのような活動をどのような順番で行っているのか，これを明確に意識することがとても大切です。

　一方，簿記・会計の学習の段階では会社活動の順序などはまったく考慮されませんし，仕訳や勘定記入の学習が中心で，記録同士の関係や作成された情報の利用方法などが問われることはありません。しかし，情報は利用するためにつくるものであって，その利用方法を考慮することなく情報作成方法を学んでも，その学習の効果は半減するのではないでしょうか。会社の活動に沿った記録がどれほど大切なのか，最後の第19章であらためて語りたいと思います。

　本書をお読みの皆さんは基本的な簿記のスキルをお持ちの方だと思います。上記のような事柄を明確に意識して，お持ちのスキルをより有効に発揮させられる賢い会計人をめざしましょう。

第2章

購買活動と会計記録

本章の業務フローに関係する主な会計記録(仕訳)

1. 商品を掛けで仕入れたとき
　　(借)仕　　　入　×××　(貸)買　掛　金　×××
2. 掛けで仕入れた商品について値引きや戻しがあった場合
　　(借)買　掛　金　×××　(貸)仕　　　入　×××
3. 買掛金を普通預金から支払ったとき
　　(借)買　掛　金　×××　(貸)普　通　預　金　×××

　本章では,購買活動(仕入活動)と会計記録の関わりを学びます。商業であれ製造業であれ,会社の外部からモノを調達してくる活動がどのような業務から構成され,どのように記録されているか,しっかりと理解しましょう。

1　購買部門(仕入部門)の仕事の流れ

●──会社における購買部門(仕入部門)の位置づけ

　会社は,社会からヒト・モノ・カネ・情報(これらを「**経営資源**」といいます)を調達してきて,その形を(物理的・性質的に)変えて,社会に商製品やサービスを提供しています。社会との調達および提供は,一般に「市場(しじょう)」とよばれる場を通して行われています。それでは,会社はヒト・モノ・カネ・情報を市場でどのように調達するでしょうか。本章では,まず,モノの調達を中心に考えていきます。

　会社において,市場からモノを調達する部門は「**購買部門**」,商工業においては特に「**仕入部門**」とよばれる部署がその役割を担っています(消費財(事務用品などの消耗品)や備品など会社の内部で消費・利用するものの購入を行う部門を「購買部門」とよぶこともあります)。商業では,外部から購入した「商品」

をそのまま販売することになり，製造業（工業）では外部から購入した「原材料」を加工または組立てて「製品」を完成させて販売することになります。

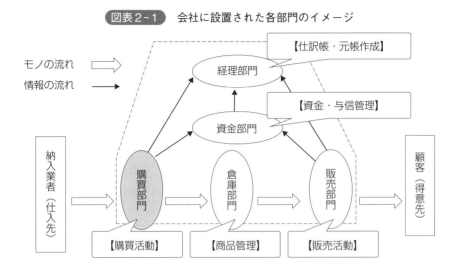

図表2-1　会社に設置された各部門のイメージ

なお，以下では，会社内に，納入業者（仕入先）から商品を購入する「購買部門」，商品を保管・管理する「倉庫部門」，顧客（得意先）に対して商品を販売する「販売部門」，現預金や信用取引を管理する「資金部門」，さらに各部門から金額等のデータを集めて元帳を作成する「経理部門」が設置されているものとして，説明をしていきます。

● ──購買部門（仕入部門）の業務

それでは，購買部門（仕入部門）では，どのような業務を行っているでしょうか。購買部門は，主に次の3つの業務を行っているとされます。
(1)　新規仕入先の開拓
(2)　**仕入計画**の策定
(3)　仕入活動

まず，新規仕入先の開拓について，みていきましょう。会社は商品等を，これまでに取引をしたことのある相手から仕入れるだけでなく，新たにはじめて取引をする相手から仕入れることもあります。新規の取引先となりそうな会社

があった場合は，取引を開始する前に，「その会社と安全に取引ができるか」（たとえば，発注したら条件どおりに納品してもらえるか，**信用取引**を行っても大丈夫かといったこと）を判断するために，取引先の信用力を調査（**信用調査**）することになります。会社が独立した審査部門をもたない場合には，販売（営業）部門や経営者が，民間の信用調査会社の報告や相手企業の公表財務諸表を利用して行います。

　信用調査の結果，信用力があれば「与信限度額」（取引先ごとの売掛金等の限度額）を設定したうえで信用取引を行うことになります。ただし，信用力に乏しくても現金で取引を開始することもあります。取引先として適格であると判断されたのち，初回の取引開始時に，決済条件や返品についての取り決めを記載した「基本契約書」を締結することになります。その後，個別の売買取引について，「個別契約書」（または覚書・注文書）などを交わし，各取引の商品・金額・納期などを取り決めることになります。

　次に，仕入計画の策定です。何をどれくらい販売するのかという商品の「販売計画」をもとに，

(1)　いつ（仕入日）
(2)　どこから（仕入先）
(3)　どれくらい（数量）

商品を購入するのかを決めることになります。

　購入を行うタイミングは，自社の倉庫の在庫量とも関係してくるでしょうし，商社のように商品売買の仲介をしている会社では，何かを購入したい他の会社からの注文を受けてはじめて行われるかもしれません。いずれにせよ，購入依頼部門からの「購入依頼書」に基づき，購入の必要があれば仕入先に商品の注文を行うことになります。

　また，すでに述べたように，仕入先はこれまでに取引したことのある相手の場合もあれば，今回はじめて取引をする相手の場合もあるでしょう。なるべく安く仕入れられることも重要になりますが，安定供給が見込めること，つまり必要なものを必要なときに必要な量を調達できることも重要になります。購入すべき数量も，1社との取引のみで満たされる場合もあれば，価格との関係等によって，複数の会社から購入すること（複社購買）になるかもしれません。

　仕入先が決まれば，注文を行うことになります。これを「**発注**」といいます。

図表2-2 仕入活動における売り手と買い手のやり取り

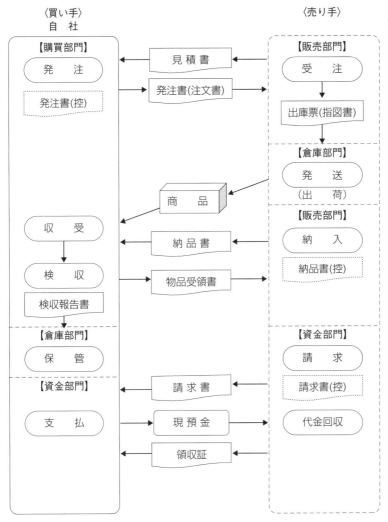

ただし，発注の前に，取引先に対して，欲しい商品がどのようなものであり，どのくらい欲しいのか，どのような代金の決済方法を利用して，（1個当たりもしくは総額で）いくらならば取引に応じるのかなどを，事前に決めておかなければなりません。電話・ファックス・Eメールなどの通信手段を利用して，こちらの要求を仕入先に伝え，これに対してどこまで応じられるのかという仕入

先の「見積書」が届けられ，その内容に納得してからはじめて発注となります。

発注のさいには，仕入先に対して「発注書（注文書）」が送られます。発注書には，どの商品を，どのくらい，（単価および総額が）いくらで購入して，どのようにして決済するのかといった情報が記載されています。これは一種の契約の締結であるものの，商品の実際の増加はまだありません。また，発注においては，通信費や消耗品費などの間接的な費用（購入事務費）が発生していることも覚えておきましょう。ただし，これらの費用は商品価値の増減とは関係がないため，商品売買に関する損益計算の対象・範囲からは除外されます。

受注後に，売り手である仕入先の社内において，どのような情報のやり取りがなされるかについては第3章で詳しく述べますが，ここでは受注した販売部門から「出庫票」が倉庫部門に届けられ，それに基づいて当社に向けて発送（出荷）がなされたとしましょう。また，販売部門では，倉庫部門から商品の発送の連絡を受けて，当社に向けて**「納品書」**が送られます。納品書にも，どの商品を，どのくらい，（単価および総額が）いくらで販売して，どのようにして決済するのかといった，発注書に応じた情報が記載されています。

納品書と同様のものに**「送り状」**とよばれるものがあります。送り状は，売買契約の条件を正当に履行したことを売り手が買い手に宛てて証明する書類をいい，商品とともに買い手に送付されます。

購買部門は，送られてきた商品と納品書を受け取ると，それが注文した商品のとおりであったかを確認します。これを**「検収」**といいます。検収によって，商品の仕様（品質や性能）が注文時の要求を満たしているかを確認し，もし満たしていない場合には返品や値引きの交渉を行います。検収が終わってはじめて，商品は倉庫に運ばれ保管されます（倉庫に商品が届けられ，倉庫において検収を行うこともあります）。なお，保管された商品は，当社の販売部門から「出庫票」に基づいて，いずれ払い出されることになります。

また，直接的には購買部門とは関係ありませんが，商品代金に関するやり取りについても簡単に触れておきましょう。売り手である仕入先は，当社からの検収完了の連絡を受けて，商品代金の「請求書」を送付（連絡）してきます。その請求書に応じて，当社から現預金等で代金が支払われ，仕入先が入金等を確認した後に「領収証」が発行されることになります。

> **🔍 コラム◆2つの基本的な発注方式**
>
> 　基本的な発注方式として「定期発注方式」と「定量発注方式」があります。定期発注方式は，ある決まった時期（定期，たとえば毎月1日）に，発注する量をそのつど変えながら行う発注方式です。この方式は，回転率の低い商品や季節物・流行物など需要の変動が大きい商品の発注に適しています。また，定量発注方式は，ある決まった量（定量，たとえば5,000個）を発注する時期をそのつど変えながら行う発注方式です。この方式は，常に一定の在庫量を維持する必要のある商品に適しています。

●──商品の購入を記録すべき時点

　商品を購入したときには，商品購入（商品増加）の事実を記録しなければなりませんが，どの時点で記録されることになるでしょうか。図表2-2でみたように，購買活動はいくつかの段階を経てなされているため，適切な購入時点を決めることが必要になります。ここでは，

(1) 発注時
(2) 収受時（商品受取時）
(3) 検収完了時
(4) 代金支払時

の4つの時点が考えられます。

　ただし，発注時に商品の購入取引を記録したとしても，仕入先からその商品が実際に送付されてこなければ，当社には，資産の受け取りも代金の支払義務も生じません。発注時に記録するとすれば，そのような商品購入注文を行い，近い将来において商品が増加し，その分の支払義務が生じるといったあくまで備忘的な記録となるでしょう。

　また，商品や納品書を受け取ったとしても，注文どおりに納品が行われたのか，また注文どおりであっても品質や性能の面で合格しているかを確認しなければ，返品することになりかねないので，依然として購入が未確定な状態にあるといえます。

　そして，買い手に支払義務が生じることになるのは，検収によって注文どおりの合格品であることが判明した時点であるため，購入取引を記録すべき時点は，検収完了時といえます。すなわち，検収報告書に基づいて取引を記録することになります。

でもちょっと待ってください。検定簿記では，いつ商品の購入取引を記録していましたか。おそらく，商品を受け取った時点で「仕入」（ないし「商品」の増加）を記録して，品違いや量目不足などの欠陥があった場合には，商品の返品（「仕入戻し」）や代金の一部減額（「仕入値引」）を記録していましたね。なぜ，この時点で記録されるのかといえば，検収によって不合格になり返品される可能性がほとんどないことを前提にしており，収受時に納品書に基づいて記録しても，特段問題が生じないと考えているからにすぎません。

つまり，購買部門では，収受時に，「納品書」に基づいて，「仕入帳」に対して，①仕入日，②仕入先，③仕入れた商品の内容（品目・数量・単価など），④代金決済の方法を記録することになります。それと同時に，商品購入の事実が資金を管理する部門（資金部門）に伝えられ，仕入先ごとの買掛金が「買掛金元帳（仕入先元帳）」に記録されます。

たとえば，仕入先（㈱オフィス・カンパニー）から商品とともに図表2-3のような納品書が「10月2日」に届いたとき，仕入帳は，図表2-4のように記録されます。

まず，仕入帳の日付欄には，納品書の到着日が記録されます。発注した日付でも，納品書が仕入先で作成された日付でもありません。また，摘要欄には，その商品がどこから仕入れたものなのか，どの納品書による仕入れなのか，決済方法はどのようになっているか，などの情報が記録されます。もちろん，仕入れた商品ごとの詳細（何を，どれくらい，いくらで仕入れたのか）を記録します。このとき，商品の単価に消費税額が含まれていなければ，消費税の記録もしなければならないでしょう（消費税の取扱いについては第15章を参照）。

さらに，商品の引取運賃等が生じていれば，それらも仕入原価を構成することになるため，摘要欄に商品の詳細とは独立した1行をとり，記入されます。この引取運賃の扱いについて，もう少し詳しくみておきます。

商品売買に関する付随費用は，「副費」とよばれ，引取運賃，購入手数料，関税等の容易に加算しうる外部副費と，購入事務費，保管費その他の内部副費とに分けられます。外部副費の全体を加算するか，または内部副費まで加算するのか，つまり購入代金にどこまでの範囲の副費を加算するのかは，企業の実情によって異なりますので，一律に規定することは困難であるとされています。

また，副費を加算しないで，期中の副費は購入代金とは別に処理しておき，

図表2-3　納品書の一例

宛先：〒000-0000　　　　　納　品　書　　　　　　平成×5年10月1日

宛先：〒000-0000　　　　　　　納　品　書　　　　　　　平成×5年10月1日
　　　海山市河原町1-2-30　　　　　　　　　　　　　　　納品書番号：#402-01
　　　㈱企業商事　　　　　　　　　　　　　　　　　　　受注日：平成×5年9月25日

商品項目	個数	単価（税込）	合計価格	
ボールペン（ダース）	400箱	¥2,000		¥800,000
サインペン（ダース）	500箱	1,500		750,000
			小　　　計	¥1,550,000
			送料・手数料	150,000
※掛けによる支払い			合　計　金　額	1,700,000

【㈱オフィス・カンパニー】

図表2-4　仕入帳の記入

仕　入　帳　　　　　　　　　　　　　　　　×頁

（取引日）（仕入先）（納品書番号）（決済手段）（商品詳細）（付随費用）

日付	摘　　　要			（内訳）	金額
10　2	㈱オフィス・カンパニー	#402-01	掛		
	ボールペン	400箱	@¥2,000	800,000	
	サインペン	500箱	@¥1,500	750,000	
	引取運賃		現金	150,000	1,700,000

　期末の手持品に負担させるべき金額が明らかなときは，その金額を貸借対照表の商品の金額に含めて計上することが望ましいとされています。

　なお，実務において，仕入企業（買い手）がどこまでの費用を負担するのかについては，貿易取引条件を定めた国際的な規則である「**インコタームズ**」に沿って決められていることが多いとされます。インコタームズによって定まった範囲に応じて，仕入帳等に記載される金額が異なってくることになります。

　先に述べたように，「仕入帳」も「買掛金元帳」も個々の購入取引に関する情報が確定するのは，検収が完了した時点となります。また，検収完了時に作成される「検収報告書」は，商品を保管・管理する部門（倉庫部門）にも送られ，それに基づいて「**商品有高帳**」が作成されることになります。

　なお，購買部門で作成される仕入帳の内容は，取引の内容によって異なりま

すが，上でみたように，取引の原始書類（たとえば送り状や納品書）またはその複写を綴って，仕入帳の代替とすることもできます。

購入手続きに関する書類とそれに基づいて記帳・作成される帳簿をまとめると，図表2-5のようになります。

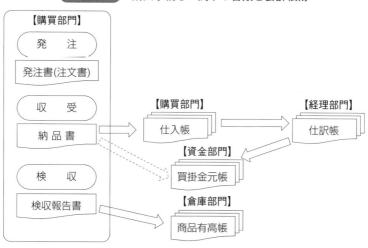

図表2-5　購入手続きに関する書類と会計帳簿

> **コラム◆インコタームズ**
>
> インコタームズ（Incoterms）とは，国際商業会議所（International Chamber of Commercial）が策定した国際的な取引条件に関する定義をいいます。貿易条件を13種類に分けて説明しており，具体的には，「船に荷物を積み込むまで」が売り手の責任であり，それ以後は買い手が負担する費用を計上することになる「FOB（Free On Board）」や，輸入地の指定場所まで運ぶさいの費用をすべて含める「CIF（Cost, Insurance and Freight）」などがあります。

2　商品の購入のタイミングと在庫管理

前述のように，商品購入のタイミングは，自社の倉庫の在庫量と関係しています。商品の入庫量は，購買部門によって作成された検収報告書に基づいて，倉庫部門で商品有高帳（もしくは商品別・品目別受払表）に記録されます。購買

部門の業務と密接に関係する在庫管理についても，確認しておきましょう。

　在庫管理は，商品がどこにどれだけあるのかを管理する業務です。在庫管理においては，現時点で実際にどれくらいの商品が存在しているかという実在庫情報が重要です。商品が欠品状態でなく，かつ不良在庫とならぬように，適切な実在庫数量を保つために，商品有高帳が利用されます。

　商品の種類ごとに作成される商品有高帳は，1会計期間において，商品がどれくらい入庫し（受け取られ），どれくらい出庫した（払い出された）のかを明らかにします。期中の受け払い数量（およびその単価）は，検収報告書と出庫票（または納品書）によって確認が行われ，あるべき帳簿残高（在庫量）が計算されます。その過程では，日々の取引が正確に処理されているか，とりわけ返品等が適切に処理されているかをチェックします。この商品管理のように，有高帳を設けて，数量管理を行う方法を「**継続記録法**」といいます。

　日々の在庫を管理することで，いつでも商品を販売できる状態が整います。会社や商品によって，適正な在庫量は異なりますが，一定の在庫量を下回ったならば，早急に発注を行う必要があります。ただし，多くの商品を抱えても滞留在庫となる危険性があるうえ，その維持・保管のために保管費用（倉庫代など）が生じることも忘れてはなりません。発注した日に入庫することは現実的ではありませんので，「リードタイム」（発注から納品までの期間）を考え，在庫切れになる（もしくは一定の基準量を下回る）前に発注しなければなりません。このように，在庫管理では，欠品による販売機会損失と在庫リスクというトレードオフの関係に対して，必要かつ適切な数量のみを在庫にするという適正在庫を算出・保有することが要求されます。

　また，定期的に，在庫品の残高が実際の現物と一致しているかどうかを確認します。これを「**実地棚卸**」といいます。実地棚卸を行う場合，いつの時点の入出庫までを対象とするのかをあらかじめ決めなければならず，在庫品の整理・整頓も必要になります。もし，会社外の倉庫に預けている商品があれば，在庫証明書による確認を行わなければなりませんし，入庫していても未検収の商品や出庫の手続きが未完了の商品を確認することも必要になります。商品に比べて重要性の低い消耗品などは，期中に受入数量のみを記録しておき，期末に実地棚卸を行って棚卸数量を確定することで，期中の消費量を計算する「**棚卸計算法**」による管理が行われることが一般的です。

実地棚卸の結果，帳簿棚卸数量と実地棚卸数量に差異が生じていたならば，その原因を調査しなければなりません。帳簿数量に比べて実地数量が少ない場合には，棚卸減耗が生じており，会計記録としては，繰越商品（または商品）勘定を減額し，「棚卸減耗費(損)」を計上します。それと同時に，商品有高帳にも，商品の減少が記録されます。たとえば，期末において帳簿棚卸数量が100個，実地棚卸数量が90個，取得原価@100円の場合，次の仕訳が行われます。

（借）棚 卸 減 耗 費　　　1,000　　（貸）繰 越 商 品　　　1,000
　　　　　　　　　　　　　　　　　　　（ま た は 商 品）

なお，実地棚卸の段階で減耗や目減り，品質低下・陳腐化が発見されたならば，廃棄するか評価替え（簿価を切下げ）するのかが検討されます。廃棄した場合には，「商品廃棄損」が，評価替えした場合には，下落分に相当する「商品評価損」が計上されることになります。収益性の低下による簿価切下げの会計処理については，「棚卸資産の評価に関する会計基準」でその詳細が規定されています。

3　購買部門（仕入部門）の重要性

　本章でみてきたように，購買部門は購買活動（仕入活動）を担っています。上で説明した業務のほかにも，仕入先との価格折衝，入荷予定や発注残の管理，購入依頼現場の要求に対する納期回答および納期調整，入荷に関する社内各部門との調整など，多岐にわたる業務も行っています。商業であれば，商品をより安く購入することが販売利益の源泉になります。製造業であれば，原材料をより安く購入することで製品原価を低く抑えることにつながるでしょう。そういった意味で，会社にとって非常に重要な役割を果たしています。
　また，購買活動は，第3章で説明される販売活動（売上活動）と表裏一体の関係にあります。売買取引に関わる各部門の活動をより良く理解するためにも，基礎となる業務フローと会計記録（情報のフロー）をしっかり学びましょう。

第3章

販売活動と会計記録

> **本章の業務フローに関係する主な会計記録（仕訳）**
>
> 1. 商品を掛けで売り上げたとき
>   （借）売　掛　金　×××　（貸）売　　　　上　×××
> 2. 掛けで売り上げた商品について値引きや戻りがあった場合
>   （借）売　　　　上　×××　（貸）売　掛　金　×××
> 3. 売掛金が普通預金に入金されたとき
>   （借）普　通　預　金　×××　（貸）売　掛　金　×××

　前章では購買活動（仕入活動）と会計記録を学びました。本章では販売活動（売上活動）と会計記録の関わりを学んでいきます。販売活動の重要性，販売部門の仕事の流れ，商品の販売を記録すべき時点はいつか，そして売掛金の管理の流れなどを，会計実務の視点から会社の販売業務内容を確認していきましょう。

1　販売活動の重要性

　会社において大切なことは「売上」を増やし，利益を出すことです。販売活動は，まさにその中核を担っています。
　売上を増やし，利益を出すことがいかに重要であるのか，それは会社の通信簿を確認すればよくわかります。会社にどれくらい財産があるのか，どれくらい利益を出しているかなどの大事な情報は会社が公表する通信簿に記載されているからです。
　そして，ここでいう会社の通信簿とは，財務諸表のことを指します。企業の経営状況を知るためには，その企業が公表している財務諸表を分析することが一番です。財務諸表は電子公告化もされているため，インターネット上でも気軽に確認できます。

この会社の通信簿である財務諸表には，さまざまなものがあります。代表的なものは損益計算書や貸借対照表です。ここでは，前者の損益計算書について，確認していきましょう。

図表3-1 大阪産業株式会社の通信簿（損益計算書）

損益計算書

大阪産業株式会社　×1年1月1月から×1年12月31日まで　（単位：千円）

売上高	640,000
売上原価	464,000
売上総利益	176,000
販売費および一般管理費	80,000
営業利益	96,000
営業外収益	24,000
営業外費用	2,000
経常利益	118,000
特別利益	2,400
特別損失	2,000
税引前当期純利益	118,400
法人税等	3,200
当期純利益	115,200

　図表3-1の大阪産業株式会社の損益計算書で1番上に記載されているのは「**売上高（年商）**」です。売上高は商品等の販売で得た収益です。販売が増えれば，当然，売上高も増加します。会社の通信簿の一番上に表記されていることからもわかるように，この売上高を高めることが会社にとっては大変重要です。

　この売上高に直接に関わりがあるのが，本章で取り上げる販売活動なのです。なお，「**売上原価**」は販売した商品等の原価です。「**売上総利益（粗利益）**」は，商品等の売買益を指します。

　また，経済産業省のサービス産業の調査・報告書で示されている「経理・財務サービス　スキルスタンダード」（平成15年成果物）の業務マップは経理・財務業務を36業務項目に分類し，これらを大項目ごとに作成しています。その

マップの1番最初にでてくるのが「1．売掛債権処理」であるため，それだけでも販売活動の重要性がわかるかと思います。販売活動がうまくいかなければ，結果的には会社はいずれ倒産してしまいます。

この章からは具体的に，会社の販売活動（売上活動）と会計記録の関わりを学んでいきましょう。

2　販売部門の仕事の流れ

●──販売部門の仕事の流れと買い手とのやり取り

図表3-2のとおり，販売（売上）業務は，基本的には，「与信管理→契約→売上計上→請求→決済」という順序で進んでいきます。

図表3-2　販売業務の流れ

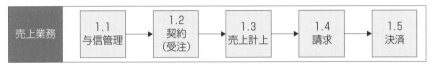

出典：経済産業省「スキルスタンダード（平成15年度成果物）概要版/売掛債権管理　会社機能」から一部抜粋。

前章では，信用調査の結果，信用力があれば「与信限度額」（取引先ごとの「売掛金」等の限度額）を設定したうえで信用取引を行うことになることを述べてきました。まずは，与信管理をしっかりとしなければなりません。取引相手に対しては信頼関係がとても重要になってきます。そもそも，掛け取引が一般的である会社業務においては，商品の提供はあっても，その代金回収は後日になるわけですから，上で述べたとおり，信用取引が重要になるわけです。このほか，債権残高管理，滞留債権対応，値引き・割戻などの売掛債権管理がありますが，本章では会社機能でも重要な売上業務の確認をしていきましょう。また，販売活動における売り手と買い手のやり取りを示すと図表3-3のとおりです。

資金分門では，売掛金の管理をしっかり行います。請求書を発行し，売上計上（売掛金元帳などに転記）して，同時に売掛金回収予定表などを作成して回収方法を明確にしておきます。売掛金が支払われたら，入金管理（売掛金元帳などに転記）を行います。また証拠として領収証を発行します。

図表3-3　販売活動における売り手と買い手のやり取り

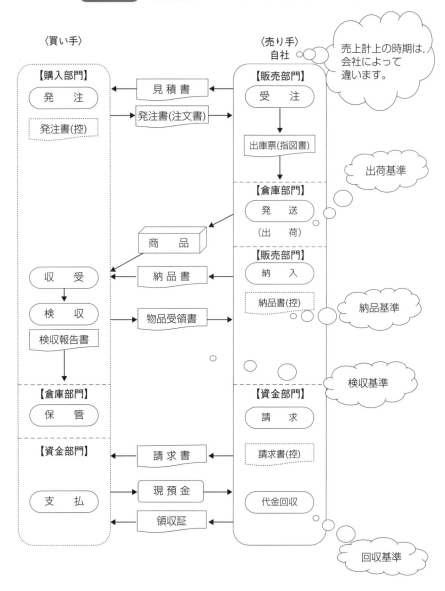

●──商品の販売を記録すべき時点

　収益の認識基準について確認しておきましょう。収益の認識基準は，原則として，「**実現主義**」が採用されます。実現主義は，販売の事実が生じた場合に収益を認識計上する方法をいいます。そのため，「**販売基準**」ともよばれます。販売が成立し，収益が実現したとみなされるためには，①財貨またはサービスが外部に提供され，引き渡されていること，②その対価として，現金，受取手形，売掛金等の貨幣性資産が受領されていることがあげられます。収益の認識基準として，「**発生主義**」ではなく，実現主義をとる根拠としては，①計算の客観性または信頼性が確保されること，②利益の処分可能性について貨幣性資産の裏づけが得られることです。実現主義は，会社の財務的健全性を確保するという意図をもっています。

　しかし，例外もあります。取引によっては，販売基準における販売の要件が満たされていても，貨幣性資産の回収期間が長期にわたるために，その回収が不確実になる場合があります。このような場合には，回収が確実となるまで，収益の認識を遅らせる必要があります。他方，取引によっては，販売基準における販売の要件が満たされていなくても，一定の事象が生じた段階で，収益の獲得が確実になると判断できる場合があります。このような場合には，販売よりも早い時期に収益の認識を行うことが認められます。前者の典型は，「**割賦販売**」における「**回収基準**」および回収期限到来基準であり，後者の典型としては，①長期請負工事における工事進行基準，②農産物および鉱物資源などがあげられます。これらは，収益の認識基準としての発生主義の適用であるということができます。

　図表3-3に示したとおり，売上計上のタイミングには，商品を出荷したときの「**出荷基準**」や得意先に商品等を実際に引き渡したときの「**納品基準**」，また検収を受けたときの「**検収基準**」などがあげられます。

3　売掛金の管理の流れ

●──請求書の発行

　売掛金は，商品を掛けで売り上げたときに発生する債権です。まだ回収していない代金のことを指します。ですから，将来，その代金を現金や当座預金な

どで回収することができる権利のことをいいます。毎日多くの取引を行っている会社では，このように代金をあとから請求する掛け取引を行うことが多いといえるでしょう。販売した商品の代金回収はとても大切であり，会社業務の基本的業務です。代金回収ができませんと，最悪の場合，「黒字倒産」をしてしまいます。黒字倒産とは，「勘定合って銭足らず」の状態です。帳簿の上では黒字でありながら，売掛金の回収が遅れてしまったり，できずにいると，手許の資金が不足していきます。その不足の状態が続けば，いずれは会社の存続ができなくなっていくのです。なお黒字倒産の原因には，そのほか，過大な在庫，過大な設備投資などもあげられます。

　図表3-3で示したとおり，資金部門でまずは請求書を発行します。請求書のフォーマットは会社によってさまざまです。通し番号や日付，取引先の会社名や社印，支払条件など，ポイントがいくつかあります。

　なお，請求書の作成のさいには，控えとして，自社にも当然に保管します。たくさんの取引先から問い合わせがあったり，また入金のさいの参照などにもするため，必ず控えがあり，すぐに対応できるように，通し番号も入れておきます。

> **コラム◆クレジット売掛金**
> 　クレジット・カードの普及に伴い，クレジット取引が簿記検定の試験範囲に追加されました。「クレジット売掛金」は信販会社に対する債権のため，得意先（取引先）に対する「売掛金」とは区別されます。仕訳例は次のとおりです。
> (借) クレジット売掛金　58,000　　　（貸) 売　　　上　60,000
> 　　　支　払　手　数　料　2,000

●――売上を仕訳し元帳に転記

　請求書が発行されたあと，売上の仕訳を行います。そして，「**売掛金元帳**」などに記入していきます。また，回収方法の管理を行うために，売掛金回収予定表や売掛金管理票などの作成も行います。なお，図表3-3にも示した各会社が採用している売上計上基準に応じて，計上していきます。それでは，売上があったときの処理を確認していきましょう。

第3章 販売活動と会計記録 ◆ 29

図表3-4 請求書の作成例

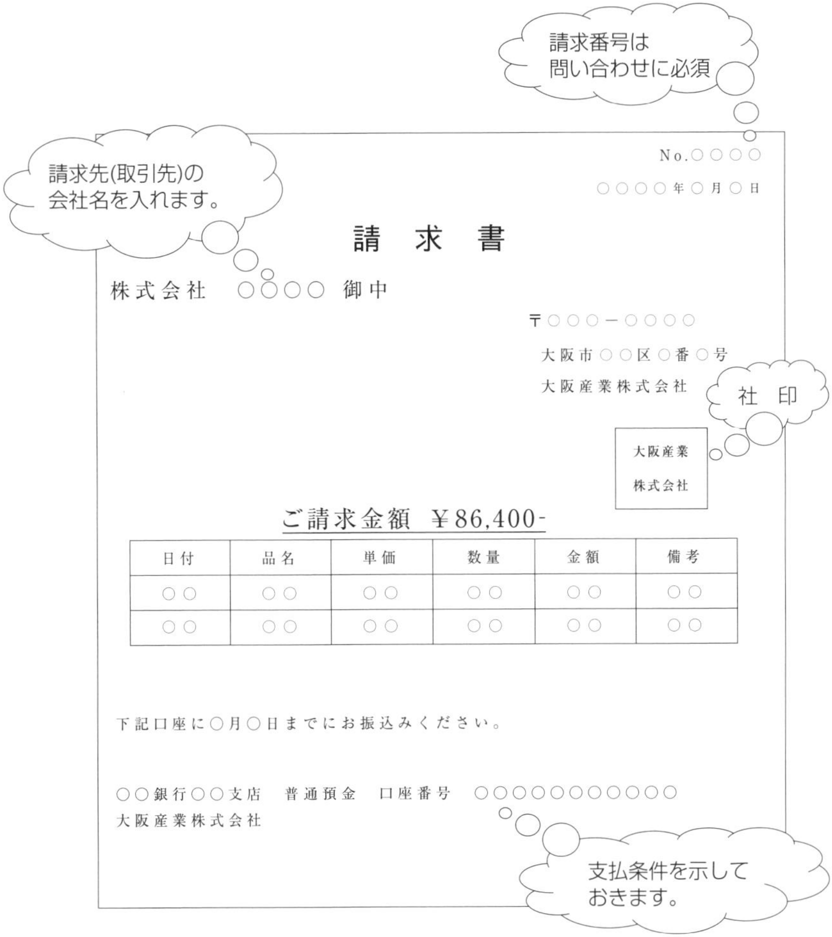

請求番号は問い合わせに必須

請求先(取引先)の会社名を入れます。

No.○○○○
○○○○年○月○日

請 求 書

株式会社 ○○○○ 御中

〒○○○-○○○○
大阪市○○区○番○号
大阪産業株式会社

社 印

大阪産業
株式会社

ご請求金額 ￥86,400-

日付	品名	単価	数量	金額	備考
○○	○○	○○	○○	○○	○○
○○	○○	○○	○○	○○	○○

下記口座に○月○日までにお振込みください。

○○銀行○○支店 普通預金 口座番号 ○○○○○○○○○
大阪産業株式会社

支払条件を示しておきます。

〈税抜方式での売掛金発生時と回収時の仕訳〉

　7月7日に本体価格80,000円の商品を掛けで販売しました。80,000円の売上, 6,400円の消費税とに分けて処理した場合の仕訳は, 次のとおりです(税抜方式)。

（借）売　掛　金　　　86,400　　（貸）売　　　　　上　　　80,000
　　　　　　　　　　　　　　　　　　　仮 受 消 費 税　　　 6,400

「**仮受消費税**」は負債の項目です。税抜方式で消費税を処理する場合に使わ

れます。

7月26日に上記商品の売掛金が，普通預金口座に振り込まれました。

(借)普 通 預 金　　86,400　　(貸)売　　掛　　金　　86,400

仮受消費税は売上発生時に計上し，回収時は計上しません。

図表3-5　売掛金元帳

売掛金元帳

○年		摘　要	借	貸	借または貸	残　高
7	1	前月繰越	5,000		借	5,000
	7	諸　口	86,400		〃	91,400
	26	回　収		86,400	〃	5,000

> **コラム◆税込方式**
> 　上記は税抜方式の処理方法でしたが，税込方式の場合もあります。税込方式の場合の仕訳例は次のとおりです。
> 　7/7　(借)売 掛 金 86,400　　(貸)売　　上 86,400
> 　7/26 (借)普 通 預 金 86,400　　(貸)売 掛 金 86,400

●──領収証の発行

　商品を販売してお金を受け取ったら，受領側が，証拠として発行するのが「**領収証**」です。図表3-6のとおりです。

　売上を増やすことは会社にとって死活問題であり，本章では販売活動の重要性，販売部門の仕事の流れ，売掛金の管理の流れなどを，会計実務の視点から学んできました。売買取引に関わる手続きや書類の発行などをより良く理解するためにも，基礎となる業務フローと会計記録をしっかり学びましょう。

図表3-6　領収証の発行例

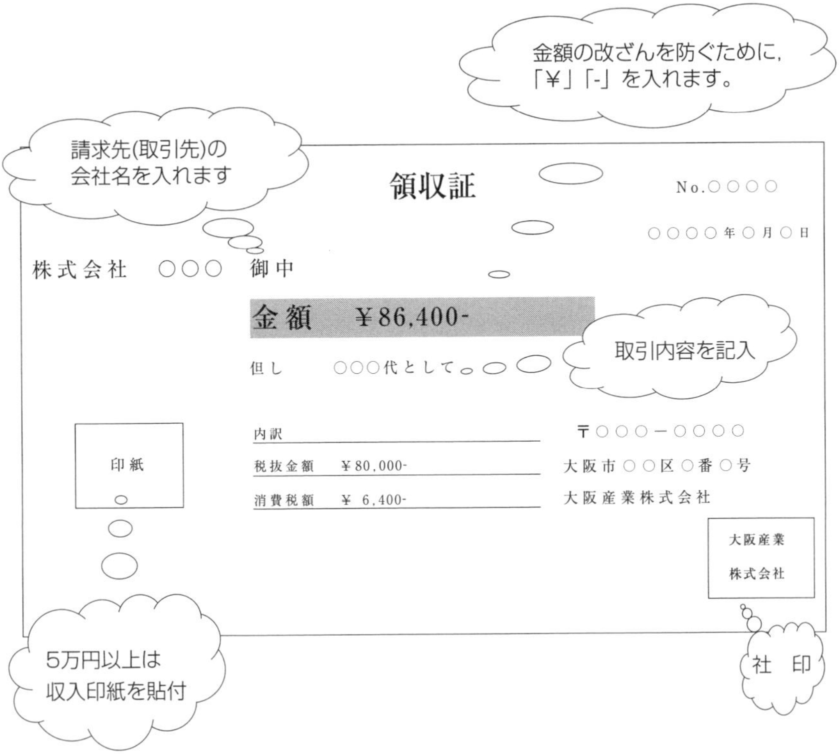

請求先(取引先)の会社名を入れます

金額の改ざんを防ぐために,「￥」「-」を入れます。

領収証　　　　　No.○○○○

　　　　　　　　　　○○○○年○月○日

株式会社　○○○　御中

金額　￥86,400-

取引内容を記入

但し　○○○代として。

内訳　　　　　　　　　〒○○○-○○○○
税抜金額　￥80,000-　　大阪市○○区○番○号
消費税額　￥6,400-　　　大阪産業株式会社

印紙

大阪産業
株式会社

5万円以上は収入印紙を貼付

社　印

第4章

債権・債務管理と会計記録

> **本章の業務フローに関係する主な会計記録（仕訳）**
>
> 1. 商品を掛けで購入した。
>   （借）仕　　　入　×××　（貸）○○会社(買掛金)　×××
> 2. 商品を掛け販売した。
>   （借）○○会社(売掛金)　×××　（貸）売　　　上　×××

　本章では，第2章および第3章で学んだ購買および販売活動で生じる債権・債務の管理について学びます。この管理業務は，企業活動における日々の取引で重要となります。販売しても資金の回収ができなければ，経営の存続に影響するからです。また，最近急速に増加している電子記録債権・債務についても学びます。

1　債権管理

　債権管理は，与信管理，顧客別債権管理，期日別債権管理からなっています。本章では，債権管理のうち売掛債権（売掛金）管理と手形債権（受取手形）管理について述べます。

●──与信管理

　取引に先立って取引先の状況を調査することが大切です。ともすれば，営業成績を上げるためとはいえ，危険な取引先との取引は会社にとって命とりになることがあります。新規あるいはすでに取引を行っている取引先の状況は，公表財務諸表を入手したり，信用調査機関の報告書を入手したりして，定量データ（収益性や安全性の分析）や定性データ（数量化できない口コミや業界の情報など）により判断します。取引を開始してもよいか，継続すべきか否か，取引量を拡大または縮小すべきか，取引限度額の設定を見直すべきかなどを行うこと

が重要になります。

●──顧客別債権（売掛金・受取手形）管理

　売掛金が適正に処理されているか否かを把握するために、顧客別元帳（得意先元帳）を作成して顧客（得意先）別の売掛金の管理を行います。手書き簿記を前提とした初級簿記では、売掛金を総勘定元帳という主要簿に、顧客（得意先）別は人名勘定として売掛金（得意先）元帳という補助簿に記入されると説明されています。しかし、管理面を重視して考えますと主要簿と補助簿の意味が逆になると考えてください。補助簿への記入が重要なのです。このことはあとで述べる買掛金についても同様です。

　顧客別売掛金の回収状況は、①売掛金残高の確認準備（確認対象売掛金の決定→売掛金の明細整理→確認対象売掛金額の承認→売掛金残高確認証作成→確認証発行承認）→②売掛金残高確認実行（発送先整理・発送・取引先からの問合せ対応）→③売掛金確認証回収の手順で管理します。売掛金管理において重要なことは、未回収先へ催促するために、次に述べる顧客別回収（日数）状況を確認し、回収遅延債権の抽出をすることです。

(1) 顧客別回収（日数）状況の確認──①請求が正しくなされているか、②約定どおり回収されているか、③なぜ回収が遅延しているのか、④値引き・返品・割戻について不当なものはないか、について確認します。売掛金をあとで説明する手形により回収している会社に対しては、単に手形を受け取った時点では回収とせず、あくまで手形の支払期間に現金または預金を受け取った時点を回収と考えるべきです。また、得意先に売掛金残高確認書を提出させることにより、売掛金残高が得意先の買掛金残高と一致しているか否かを確認することも必要となります。

(2) 回収遅延売掛金の抽出──売掛金の回収が遅延し、滞留しているかについてその原因を把握する必要があります。得意先の業績に問題はなく２重請求の発生や単なる得意先の支払処理の遅延なのか、業績悪化による支払遅延なのかを区別することが重要です。後者による場合には支払条件や与信限度額の見直しを考える必要があります。

　手形債権の管理は、**受取手形記入帳**（受取手形管理台帳）によって行います。記入するさいに、手形の受取時に振出人、振出日、金額、支払期日、支払場所

等の法律で定める手形要件が具備され，法的に有効か否かの確認が必要です。また，証憑書類との突き合わせも必要です。期日が到来し，取引銀行による取立て，割引等の事実を記入帳のてん末欄に記録しているか否かを確認します。取引先から手形のジャンプ（更改）の要請があれば，取引先の経営状況を確認し，今後取引を継続すべきか否かを検討する必要があります。

●──期日別債権（売掛金・受取手形）管理

売掛金回収状況について，顧客（得意先）別の期日別残高を把握します。売掛債権が滞留しているかどうか，回収の可能性はどの程度であるかを調べるには，債権の発生日から経過日数ごとに回収日を明記した**「売掛金年齢表」**を作成します（図表4-1）。この表は個々の売掛金が，発生後何ヵ月経過しているかを時系列的に集計したものです。表を用いて債権の滞留期日を管理し**滞留債権**を特定し，遅延理由を究明します。たとえば，得意先との支払条件が「月末締めの翌月末支払い」の場合，売掛金年齢が3ヵ月を超過すれば，営業担当者等が使い込みをしている時以外は不良債権発生の兆候が生じていると判断します。

図表4-1ではC商店の売掛金ついて未回収200千円が生じています。単なる請求漏れ等による場合だけでなく，得意先が単に支払いを忘れていたり，得意先が支払条件に従って適切に支払いを行っているかどうかについても確認する必要があります。理由によっては取引量の見直しや決済条件の変更ないし取引停止を検討します。売掛金が滞留していると判断した場合には，売掛金そのものを質的に分類して，あとで述べる貸倒引当金の設定という会計上の対応を検討します。なお，滞留債権の請求にあたって，売掛金（製造業，卸売業，小売業）の消滅時効は2年（民法改正後は5年）ということも忘れてはなりません。

図表4-1 売掛金年齢表

（単位：千円）

	与信限度額	売掛金残高	当月売上分	1ヵ月前売上分	2ヵ月前売上分	3ヵ月前売上分	4ヵ月前売上分	
A商店	1,000	700	700					
B商店	800	600		600				
C商店	500	400	200				200	

受取手形の管理については，**受取手形記入帳**によって行います。その記入帳から取立漏れがないかどうかを手形決済日の入金状況により確認します。そして期日別の受取手形残高を把握し，総勘定元帳の受取手形残高と照合します。手形決済日に入金されない場合，不渡りの可能性がありますので，事実確認，債権の保全等の対策を検討することが必要です。なお，資金繰りのために割り引きを行うか借り入れによるか否かは，それぞれの利息額の比較考量を行って決定します。

●——滞留債権への対応—貸倒引当金の計上

上に述べた滞留債権が生じた場合には，得意先の信用度や担保等の確認・見直しをするなどして与信管理の徹底を図る必要があります。しかし，売掛金・受取手形等の金銭債権の得意先に対する支払いの催促は，催促状や内容証明郵便などを活用して，回収に努めます。将来回収できないと思われる場合に，回収不能見込額をあらかじめ見積り計上しておくことができます。見積額の算定は，企業会計（「金融商品に関する会計基準」）と税法（「法人税法」）とでは異なっています（図表4-2を参照）。

企業会計では金銭債権を，①一般債権，②貸倒懸念債権，③破産更生債権等の3つに区分し，その区分ごとに貸倒見積高を算定します。①一般債権については過去の貸倒実績率に基づいて算定し，残り2つ（②③）の区分については取引先の経営状況や担保額などを考慮して個別に算定します。税法では，債権は，個別評価金銭債権（会社更生法が適用された会社や民事再生手続きの申し立てを行った会社の債権等の不良債権）と一括評価金銭債権（売掛金，受取手形，貸付金等で不良債権に該当しない金銭債権）に区分して考えます。前者の個別評価金銭債権にかかる繰入限度額は，法律基準，実質基準，形式基準の3つに区分され，各区分によって貸倒見積高（繰入限度額）の計上金額の算定方法が異なります。税法では，租税回避に用いる危険性を排除するために企業会計より厳格な要件を定めています。

なお，平成23年12月の税制改正により，資本金1億円以下の中小法人等を除き**貸倒引当金**の繰り入れが税務上の損金とされなくなりました。なお，貸倒引当金は，売掛金・受取手形等から控除する科目で貸借対照表に表示されます。また貸し倒れの見積額は「貸倒引当金繰入（額）」という項目で，損益計算書

図表4-2 企業会計と法人税上の貸倒引当金（債権区分と貸倒見積額）

企業会計上の貸倒引当金			法人税上の貸倒引当金		
債権の区分	債務者の財政状態，経営成績等	取立不能見込額の見積方法	債権の区分	法的要件	貸倒引当金の繰入限度額
一般債権	経営状態に重大な問題が生じていない債務者に対する債権	「債権全体または同種・同類の債権」×「貸倒実績率等合理的な基準」	一括評価金銭債権	売掛金，受取手形，貸付金その他これらに準ずる金銭債権で，個別評価金銭債権を除いたもの	「期末一括評価金銭債権の帳簿価額」×「過去3年間の貸倒損失発生額に基づく実績繰入率」(中小法人－事業年度末における資本金が1億円以下の普通法人等) 「期末一括評価金銭債権の帳簿価額－実質的に債権とみられない金額」×法定繰入率（たとえば卸売・小売業は10/1,000）
貸倒懸念債権	経営破綻の状態には至っていないが，債務の弁済に重大な問題が生じているかまたは生じる可能性の高い債務者に対する債権	「債権額－担保処分や保証による回収見込額」，債務者の財政状態・経営成績を考慮して取立不能額を見積もる等の方法	個別評価金銭債権	（法律基準）①更生計画認可の決定，②再生計画認可の決定等の事由による弁済猶予・賦払弁済（法令による長期棚上げ）	「対象金銭債権－事由発生の事業年度末から5年以内の弁済見込額」－「担保権の実行等の取立見込額」
破産更生債権等	経営破綻または実質的に経営破綻に陥っている債務者に対する債権	「債権額－担保の処分見込額や保証による回収見込額」		（実質基準）債務超過の状態が相当期間（おおむね1年以上）超過し，かつ，事業好転の見通しがないこと等により，一部回収の見込みがない	「対象金銭債権」－「取立見込額」
				（形式基準）①更生，②再生手続き開始申立て等	（「対象金銭債権」－「実質的に債権とみられない額」－「取立見込額」）×50%

に異常なものを除き販売費及び一般管理費の区分に表示されます

　次に，企業会計と税法との相違について取引例を用いて説明しましょう。なお，消費税は税抜き処理を用いていると仮定します。

例題4-1 ×1年，経営状態に重大な問題が生じていないX社に対する売掛金は5,000円ある。決算にあたり貸倒実績率1％に設定する。なお，貸倒実績率は会計と法人税法とは同じと仮定する。

（会計・税法による仕訳）

(借) 貸 倒 引 当 金 繰 入　　50　　(貸) 貸 倒 引 当 金　　50

例題4-2 ×2年，上記X社に対する売掛金108円について，貸し倒れとなった。

（会計による仕訳）

(借) 貸 倒 引 当 金　　50　　(貸) 売　掛　金　　108
　　　貸 倒 損 失　　58
(借) 仮 受 消 費 税　　8　　(貸) 貸 倒 引 当 金 戻 入　　8

（税法による仕訳）

(借) 貸 倒 引 当 金　　50　　(貸) 売　掛　金　　108
　　　仮 受 消 費 税　　8
　　　貸 倒 損 失　　50

例題4-3 ×1年，民事再生法の規定に基づいて再生手続きの開始申し立てを行っているX社に対する売掛金は3,240円である。なお，決算にあたり見積もった回収見込額は540円とする。

（会計による仕訳）

(借) 貸 倒 引 当 金 繰 入　　2,700　　(貸) 貸 倒 引 当 金　　2,700

（税法による仕訳）

（借）貸 倒 引 当 金 繰 入　　1,350　　（貸）貸 倒 引 当 金　　1,350

例題4-4　×2年，上記X社に対する売掛金3,240円について，民事再生法の規定に基づいて再生計画の認可の決定があった。なお，540円は分割して回収されるが，残額は貸し倒れとなった。

（会計による仕訳）

（借）貸 倒 引 当 金　　2,700　　（貸）売　　掛　　金　　2,700
（借）仮 受 消 費 税　　　200　　（貸）貸倒引当金戻入　　　200

（税法による仕訳）

（借）貸 倒 引 当 金　　1,350　　（貸）売　　掛　　金　　2,700
　　　仮 受 消 費 税　　　200
　　　貸 倒 損 失　　　1,150

2　債務管理

　債務管理は，顧客別債務管理，期日別債務管理からなっています。本章では，債権管理と同様に買掛債務（買掛金）管理と手形債務（支払手形）管理について述べます。

●──顧客別債務（買掛金・支払手形）管理

　買掛金管理は，顧客別元帳（仕入先元帳）を作成して顧客（仕入先）別の買掛金の管理を行います。仕入れに伴って生じた買掛金おける支払期限は仕入先との支払条件により異なります。物品の受け入れ・検収した後の債務について，仕入先からの請求書と物品の検収報告書との照合を行うことによって仕入先別の債務の管理を行います。また支払期日の遅延や処理ミスによる漏れ等を確認するためにも仕入先別に買掛金残高の管理を行う必要があります。長期の滞留

買掛金が発生し，支払遅延が発生している場合には，その原因を調査することが重要です。なお，下請仕入先と取引を行うにあたって，著しく低い下請代金を押し付けること（いわゆる買いたたき）は，禁止されています。下請法（下請代金支払遅延等防止法）等の法令遵守にも注意することが必要です。

支払手形の管理は，**支払手形記入帳**（支払手形管理台帳）を用いて行います。手形振出時に，契約書，請求書等の証憑書類の確認を行い，支払いの承認を経て手形要件等を検証した後，振り出します。支払期日における資金状況も確認しておく必要があります。

● ――期日別債務（買掛金・支払手形）管理

仕入先別債務残高を管理する場合には，**仕入先元帳**の残高の合計額と総勘定元帳の買掛金残高とが一致することを確認します。仕入先元帳の残高が一時的に赤残（借残，マイナス残）になることがあります。その場合の仕訳例を次に示しておきます。

3月7日　掛仕入れが5,000円（7日現在，買掛金の貸方残高5,000円）でしたが，同月20日に仕入返品3,000円を処理していたにもかかわらず，同月30日5,000円を現金で支払っていた場合，同日3,000円の赤残が発生します。その場合，同月31日（決算日）に次のような仕訳を行います。

（借）前　　払　　金　　3,000　　（貸）買　　掛　　金　　3,000

支払手形の期日管理では，支払期日までに当座預金口座の残高が期日決済の手形の決済額に不足していないかを確認します。なお，第1号不渡事由（手形金額が当座預金の残高よりも多い場合等）により，6ヵ月以内に2度不渡りを出すと「銀行取引停止」の処分を受け，金融機関と当座預金取引・貸出取引（融資を受けること）が2年間できなくなります。

3　債権・債務の分析指標

会社の経営効率を考える指標として，売上債権回転期間（回転率）・買入債務回転期間（回転率）があります。回転期間とは，商品を販売（仕入れ）してから売上債権を回収（支払い）するまでにかかる売上債権（買入債務）が1回

転するのに要する期間（月数または日数）のことです。回転率とは，債権（債務）が1年間に何回転するかを表します。売上債権については回転期間が短いほど，または回転率が高いほど良好といえます。買入債務についてはその逆になります。なお，回転期間は回転率を月または日で除して計算することもできます。売掛債権回転期間（回転率）については，「不良債権」「滞留債権」をチェックしたり，「**与信管理**」等の管理指標として用いられています。

●──売上債権回転期間（回転率）

売上債権回転期間は，売上債権（売掛金および受取手形の合計）の回収に何日または何ヵ月要するかを示します。割引手形や裏書手形があり，受取手形から直接減額している場合は，割引手形や裏書手形の金額も加える必要があります。また，販売前に前受金を受け取っている場合は，売上債権から前受金分を引きます。業界によって違いがありますが，この回転期間は短いほどよく，前期と比較して長期化している場合には，不良債権の発生，押込販売等の原因が考えられます。下記に，売上債権回転期間（日・月）および回転率の計算式を掲げておきます。中小企業の財務指標（2013年度決算に基づく）によると売上債権回転期間は，全業種で50.1日，卸売業で58.2日，小売業で30.9日です（一般社団法人中小企業診断協会2015）。

$$売上債権回転期間（日）＝\frac{（売掛金および受取手形の合計額）}{売上高}×365日$$

$$売上債権回転期間（月）＝\frac{（売掛金および受取手形の合計額）}{売上高}×12ヵ月$$

$$売上債権回転率（率）＝\frac{売上高}{（売掛金および受取手形の合計額）}$$

●──買入債務回転期間（回転率）

買入債務（買掛金と支払手形の合計額）を支払うのに，何日分または何ヵ月分の売上高が必要かを示します。買入債務回転率は買入債務が年に何回転しているかを示します。買入債務回転期間は長いほどよいですが，長すぎると会社の財務力の低下とみられることもあります。下記に，**買入債務回転期間（日・月）およびの回転率の計算式を掲げておきます。中小企業の財務指標（2013年度決算

に基づく）によると買入債務回転期間は，全業種で44.5日，卸売業で51.5日，小売業で39.6日です（一般社団法人中小企業診断協会2015）。

$$買入債務回転期間（日）＝\frac{（買掛金および支払手形の合計額）}{仕入高}×365日$$

$$買入債務回転期間（月）＝\frac{（買掛金および支払手形の合計額）}{仕入高}×12ヵ月$$

$$買入債務回転率（率）＝\frac{仕入高}{（買掛金および支払手形の合計額）}$$

現金販売の小売業などでみられますが，買入債務回転期間が売上債権回転期間よりも短い場合には資金繰りの観点から良好です。

●──電子記録債権

電子記録債権は，中小企業等事業者の資金調達の円滑化等を図ることを目的に，電子記録債権法（2008年12月施行）により創設されました。手形債権とは別の新たな金銭債権です。手形債権と電子記録債権の比較については，図表4-3を参照してください。電子記録債権の発生と譲渡は，電子債権記録機関の記録原簿への電子記録を要件としています。手形による場合の支払事務手続きに要するコスト，保管・搬送等にかかるコスト，手形金額の分割不可を解消できるため利用が拡大しています（2015年8月現在，全国銀行協会が運営する電子債権取引システム「でんさいネット」の利用額が，2013年の利用開始から10兆円

図表4-3 手形債権と電子記録債権

	手形債権	電子記録債権
用紙	あり（手形用紙）	なし（電子債権記録機関の記録原簿に電子的に記録）
印紙の貼付，押印，金額打ち込み，手形の搬送，領収証の発行	必要	不要
銀行に取り立ての依頼	必要	不要，支払期日を待っていれば自動的に債務者から送金
譲渡や割引	分割して譲渡や割引が不可能	分割して譲渡や割引が可能
不渡り	銀行取引停止処分	「支払不能処分」制度

を超えています―日本経済新聞2015年8月14日)。

　下記に電子記録債権の会計処理(発生時)を掲げておきます。

> **例題4-5**　A社は，B社に対する買掛金500,000円の支払いを全銀電子債権ネットワーク(「でんさいネット」と略称される電子債権記録機関)で行うため，取引銀行を通して債務の発生記録を行った。また，B社は取引銀行よりその発生記録の通知を受けた。
> (A社の仕訳)
> 　(借)買　　掛　　金　　500,000　　(貸)電 子 記 録 債 務　　500,000
> (B社の仕訳)
> 　(借)電 子 記 録 債 権　　500,000　　(貸)売　　掛　　金　　500,000

第5章

給与計算業務と会計記録

本章の業務フローに関係する主な会計記録(仕訳)

1. 給与を支給した。
    (借)給　　　　料　×××　　(貸)預　り　金　×××
    　　　　　　　　　　　　　　　　普 通 預 金　×××
    　　　法 定 福 利 費　×××　　　　未 払 費 用　×××
2. 源泉所得税・住民税や社会保険料を納付した。
    (借)預　り　金　×××　　(貸)普 通 預 金　×××
    　　　未 払 費 用　×××

　私たちの多くは、生活の糧を得るために労働力を提供し、その対価として、会社や役所などの勤務先から賃金（給与・賞与）の支払いを受けています。簿記で学んだ上記の仕訳は、私たちが毎月手にする給与明細書（給与台帳）のデータに基づいていますが、この給与明細書はどのように作られているのでしょうか。本章では、この給与計算業務と会計記録について学習していきます。

1　給与明細書からみた毎月の給与計算業務

　国税庁の『平成27年分民間給与実態統計調査結果』によれば、給与所得者数は5,646万人（平成27年12月末現在）で、総務省統計局の『労働力調査』によれば、平成27年の就業者数は6,376万人なので、就業者のうち大部分が給与を受け取っていることになり、それだけの人の給与計算業務が行われていることがわかります。

　このように、給与計算業務は会社等において必要不可欠な仕事で、諸法規に基づいて給与計算を正しく行う必要があります。そのためには、労働基準法をはじめとする労働法規や社会保険・税金に関する正しい知識を必要とします。これらの知識と実務能力を測る給与計算実務能力検定試験がありますが、本章

ではその試験区分も参考にして，この節では冒頭の仕訳に直結する毎月の基本的な給与計算業務（図表5-1）について説明していきます。

図表5-1 毎月の給与計算業務フローと会計記録との関係
（前月末締め当月25日払い）

前月末	1日～		10日	15日			20日		25日		30日
勤怠の締め切り	勤怠計算→データ入力		前月分住民税の納付 前月分源泉所得税の納付	諸手当申請の締め切り	支給金額データの確認	控除金額データの確認	支給金額データの再確認	控除金額データの再確認	給与振込依頼	給与支給日	前月分社会保険料の納付
			仕訳2							仕訳1	仕訳2

　本章のはじめに示した仕訳1のもととなる毎月の基本的な給与計算業務の内容は，私たちが手にする給与明細書に集約されています。したがって，その明細書の記載内容から，給与計算で行うべき業務内容を確認し，どのような流れ（業務フロー）で給与計算の仕事が行われているかをみていきましょう。

　図表5-2は**給与支給明細書**のサンプルです。給与明細書には，勤怠状況に関する情報，支給金額に関する情報，控除金額に関する情報の3つが記載されています。これらの情報は，図表5-1に示した業務フローにしたがって収集され，諸法規・社内規定に基づいてデータ処理することが毎月の給与計算業務となります。この業務に基づいて計算された従業員ごとの給与計算データをまとめたものが給与（賃金）台帳となり，この台帳に集約された給与支給総額，控除金額合計，差引支給額合計に基づいて，仕訳1の会計記録が実行（仕訳が帳簿に記録）されます。この台帳作成は労働基準法で義務づけられています。

●──勤怠状況に関する情報

　勤怠情報は，出勤日数や有給休暇の消化日数，労働時間数や残業時間などの

第5章 給与計算業務と会計記録 ◆ 45

図表5-2 給与支給明細書のサンプル

所属	社員番号	氏名	給与支給明細書	2016年10月分
総務課	20040135	本所二郎様		学校法人明治大学

勤怠	出勤日数	休日出勤	有休日数	有休残	慶弔休暇日数	欠勤日数
	20	0	2	18	0	0
	出勤時間	遅刻時間	早退時間	普通残業時間	深夜残業時間	
	160	0	0	20	0	
支給	基本給	役職手当	住宅手当	扶養手当	資格手当	
	352,000	18,000	20,000	5,000	5,000	
	残業手当	出張手当		通勤手当(非課税)	減額金	総支給額
	60,000	10,000		10,000	0	480,000
控除	健康保険料	介護保険料	厚生年金保険	雇用保険		社会保険料控除合計額
	23,406	0	42,728	1,920		68,054
	所得税	住民税	積立金	返済金	諸会費	控除額合計
	10,280	19,580	0	0	0	97,914
標準報酬月額(健保)	標準報酬月額(年金)	雇用保険対象額	課税対象額	税区分	扶養控除対象者	差引支給額
470千円	470千円	480,000	401,946	甲	配有・扶1・障0	382,086

情報が記載されます。これらの情報は、出勤簿やタイムカードなどの勤怠管理システムによって把握されます。最近では、ICカードや生体認証、スマートフォンを活用したタイムレコーダーで勤怠管理できるクラウドサービスを利用する会社も増えているようです。図表5-3は勤怠状況一覧のサンプルです。

◉──支給金額に関する情報

　支給金額は、勤務先の就業規則・賃金給与規程（労働基準法に基づく規定を含みます）と勤怠情報に基づいて、基本給や諸手当が計算され（図表5-3の人件費概算）、給与支給総額（図表5-2の総支給額480,000円）が決まります。この金額が仕訳1の「(借) 給料」の借方金額となり、給与支給日に会計記録が実行されます。

◉──控除金額に関する情報

　控除金額は主に、健康保険（介護保険を含みます）・厚生（共済）年金・雇用

図表5-3 勤怠状況一覧(月別・従業員別)のサンプル

従業員種別	氏名	平日出勤日数	休日出勤日数	有休日数	代休日数	公休日数	遅刻回数	早退回数	欠勤日数	所定労働時間	残業時間	割増残業時間	深夜労働時間	深夜残業時間	深夜割増残業時間	休日所定	休日残業	休日深夜	休日深夜残業	遅刻時間	早退時間	休憩時間	労働時間合計	人件費概算
社員	本所二郎	20	0	2	0	0	0	0	0	160	0	20	0	0	0	0	0	0	0	0	0	20	180	480,000
社員	品川幸子	20	0	2	0	0	1	1	0	156	12	10	0	0	0	0	0	0	0	2	2	20	174	250,000
パート	目黒紀夫	18	0	0	0	0	0	0	0	144	16	0	0	0	0	0	0	0	0	0	0	18	160	180,000
パート	大塚 香	12	0	0	0	0	0	0	0	96	12	0	0	0	0	0	0	0	0	0	0	12	108	120,000
アルバイト	上野 明	10	0	0	0	0	0	0	1	60	6	0	0	0	0	0	0	0	0	0	2	6	64	74,000
変形労働	新橋 彩	8	0	0	0	0	0	0	0	64	0	0	0	0	0	0	0	0	0	0	0	8	64	96,000
合計		88	0	4	0	0	1	2	0	680	46	30	0	0	0	0	0	0	0	2	4	84	750	1,200,000

保険など**社会保険料**の従業員負担分と,所得税・住民税の**源泉徴収税**に分かれます。社会保険料は,所定の保険料額表または保険料率表に基づいて算出され,所得税は源泉徴収税額表に基づき社会保険料等控除後の金額によって算出され,住民税は特別徴収税額通知書に基づいて決定されます。

図表5-2でいうと,健康保険料が23,406円,厚生年金保険料が42,728円,雇用保険料が1,920円,所得税が10,280円,住民税が19,580円です。これら控除額の合計97,914円が,仕訳1の「(貸)預り金」の貸方金額となり,給与支給日に会計記録が実行されます。

これら控除金額は給与支給日に発生しますが,会社等の給与支払者が従業員から一時的に預かり,後日,それぞれ所定の納付日に納付します。たとえば,所得税・住民税は前月分の控除金額を毎月10日までに金融機関を通じて所轄の税務署・市区町村へ納付します。健康保険料と年金保険料は前月分の会社等負担額と合わせて,当月末までに所定の健康保険組合・年金事務所に納付します。

なお,社会保険料の会社等負担額は仕訳1の「(借)法定福利費」と「(貸)未払費用」に金額が入り,給与支給日に会計記録が実行されます。簿記検定ではこの仕訳は納付時に処理するのが一般的ですが,実務では支給日に処理するため,貸方科目が未払費用になります。そのため,納付した金額のうち従業員からの控除金額が仕訳2の「(借)預り金」の借方金額に,会社等負担額が「(借)未払費用」の借方金額に入り,納付日に会計記録が実行されます。

2 給与計算の年間業務と必要な知識

　基本的な給与計算業務は，前節で説明した毎月の業務を繰り返し行いますが，特定の月だけ行う業務もあります。たとえば，支給金額については定期昇給や賞与の支給など，控除金額については社会保険料の改定や労働保険の申告・納付に関する業務，所得税の年末調整などがあります。これらを含めた年間の給与計算業務フローを示したのが図表5-4です。また，給与計算業務を正しく行うためには，関連する労働法規・社会保険制度・税制について正しく理解し，実務に適応できるようにしておく必要があります。

　以下では，図表5-4の項目にしたがい，「毎月の給与支給と労働法規・社内規定」「社会保険・労働保険の業務」「所得税・住民税の業務」の3つに分け，冒頭の仕訳と関連する年間の給与計算業務と必要な知識について説明します。

図表5-4　年間の給与計算業務フローの例

	1月	2月	3月	4月	5月	6月	7月	8月	9月	10月	11月	12月
毎月の給与支給			新入社員の登録	定期昇給 基本給改定								
社会保険（健康・介護・年金）				新入社員 資格取得届		賞与支払届	保険料改定 算定基礎届 7/1 - 7/10			新保険料の徴収 10月分〜		賞与支払届
労働保険（労災・雇用）				新入社員 資格取得届		労働保険料の納付 6/1 - 7/10						
所得税	源泉徴収票の配付・提出 扶養控除等申告書の回収										年末調整 各種申告書の配付・回収	
住民税	給与支払報告書の提出				住民税特別徴収税額通知書の配付							
賞与の支給					賞与計算	賞与支給				賞与計算	賞与支給	

出典：株式会社労務行政HP「労政時報の人事ポータル：給与計算の基礎知識（2012.3.20）」（2016.9.30検索）に基づいて筆者作成。

また，賞与支給時の業務についても簡単に説明します。

◉──毎月の給与支給と労働法規・社内規定

　毎月の給与計算業務のうち，給与明細書の勤怠項目と支給額が決まるもととなる労働法規・社内規定は，労働基準法，就業規則，賃金給与規程の3つです。これらの法規・諸規定は，毎月行う給与支給時の仕訳に関連して年間を通して適用される計算根拠となりますので，給与計算業務担当者にとって必要で不可欠な知識ですし，労働者にとっても知っておくべき知識です。従業員の新規入社・入職時，昇給や基本給改定（ベア改定）時には，特に重要です。以下では，これら法規・諸規定について，詳細は専門的な実務書に譲りますが，会計処理と実務の橋渡しになる範囲で必要な知識に触れておきましょう。

〔労働基準法〕

　労働基準法は，会社等で働く労働者を保護する目的で定められた法律で，憲法27条2項に定める「賃金，就業時間，休息その他の勤労条件に関する基準」を指しています。この勤労条件を具体的に定める規定には，「就業規則・労働契約・労使協定・労働協約」などがあり，給与計算業務では，勤怠項目や残業手当などの計算根拠となる「労働時間（法定労働時間・休憩時間・時間外労働）」と「休日休暇（法定休日・法定外休日・年次有給休暇・休日労働・休日振替・代休）」の規定を把握しておく必要があります（図表5-5）。

〔就業規則〕

　就業規則とは労働条件や従業員が就業上守るべき規律を定めたもので，労働基準法89条で，「常時10人以上の労働者を使用する使用者は，就業規則を作成し，労働基準監督署に届けなければならない」と定めています。図表5-6は同89条に定めた就業規則に記載すべき内容を示したものです。これを定めることにより，会社等の雇い主は統一的に労務管理ができ，従業員は労働条件について公平な扱いを受けられ，労使間の無用なトラブルを防ぐことにつながります。

〔賃金給与規程〕

　労働者に支払う賃金は，労働基準法11条で「名称の如何を問わず，労働の対償として使用者が労働者に支払うすべてのもの」と規定され，また，労働者がその賃金を確実に手にできるよう，同24条で「通貨払い，直接払い，全額払い，

図表5-5　労働基準法の勤労条件を定める規定

項目		規定内容（労働基準法の条文）
労働時間	法定労働時間	休憩時間を除き1週40時間以内，1日8時間以内（32条）
	休憩時間	6時間超で45分以上，8時間超で1時間以上（34条）
	時間外労働	法定労働時間を超えた労働。労使協定を結び，労働基準監督署長に届け出が必要（36条）＝三六協定 割増賃金の支払が必要（37条）
休日休暇	休　日	働く義務のない日（法定休日と法定外休日）
	法定休日	毎週最低1日（4週に4日）の休日（35条）
	法定外休日	会社等が定める休日（祝日・土休・年末年始など）。 就業規則に定める。
	年次有給休暇	6ヵ月間継続勤務し，全労働日の8割以上出勤した者に10日，最高20日まで付与。未消化分は翌年まで繰越可（39条）。
	休日労働	法定休日に労働すること。時間外労働（割増賃金）を適用。
	休日振替	本来の休日を特定の労働日に振り替えること。 就業規則に定める。時間外労働（割増賃金）の適用外。
	代休	休日労働の代償として労働日に休みをとること。 休日労働分は時間外労働（割増賃金）の適用。

図表5-6　就業規則の記載内容

記載事項	記載内容
絶対的必要記載事項	始業及び終業の時刻，休憩時間，休日，休暇，交代勤務の要領
	賃金給与規程：賃金の決定，賃金の計算方法・支払方法，賃金の締切日・支払時期，昇給の時期・条件
	退職に関する事項：任意退職・解雇・定年による退職の条件
相対的必要記載事項	退職給与規程：適用される労働者の範囲，退職金の決定，退職金の計算方法・支払の方法，退職金の支払時期
	退職金を除く臨時の賃金，最低賃金額
	労働者の食事・作業用品・社宅・寮などの費用負担
	安全及び衛生に関する事項
	職業訓練に関する事項
	災害補償及び業務外の傷病扶助に関する事項
	表彰及び制裁の種類・程度に関する事項
	旅費・試用期間・配転・出向・休職・服務規律に関する事項

毎月1回以上払い，一定期日払いの5原則」を定めています。これらの内容は，先に説明した就業規則の絶対的必要記載事項として**賃金給与規程**のなかで規定されることになります。

賃金体系は，会社等の方針で自由に決定できますが，賃金を決定する要素は生活保障を反映した年齢給・家族手当・住宅手当など，会社等への貢献度を反映した能力給・役職手当など，労働市場価値を反映したプロ契約選手等の報酬などがあります。会社等の賃金は主に図表5-7のように月例賃金と賞与で構成され，この内容が賃金給与規程に定められることになります。

このうち，基本給や勤続手当・役職手当などでは，年齢給表・職能給号俸表や勤続給表などの賃金一覧表を作成することが多く，新入社員（職員）の入社（入職）時や定期昇給時・ベア改定（賃金一覧表のベースアップまたはベースダウン）時には，基本給や勤続手当などがこれらの表に基づいて決まります。

図表5-7　賃金の構成内容

月例賃金	基準内賃金	基本給，各種手当（勤続手当・役職手当・通勤手当等）
	基準外賃金	時間外手当・深夜手当・休日出勤手当等
賞　与	定期賞与（夏・冬の年2回），業績賞与，特別賞与	

●──社会保険・労働保険の年間業務

毎月の給与計算で控除される**社会保険料**は，健康保険料・介護保険料と厚生年金保険料で，労働保険料は雇用保険料ですが，年間を通してみると，この他にも会社等が負担する（＝法定福利費で会計処理する）社会保険料（子ども・子育て拠出金など）や労働保険料（労災保険料）があります。以下では，毎月の給与計算とも関係する社会保険・労働保険の年間業務についてみていきましょう。

〔社会保険〕

法人の事業所は，事業主や従業員の意思に関係なく，健康保険と厚生年金保険に強制的に加入しなければなりません（強制適用事業所といいます）。したがって，その会社に従業員として採用されれば，原則として被保険者になります。健康保険・介護保険と厚生年金保険は，事務手続きや届出書類が1つの様式で済み，毎月の給与からこれら保険料を徴収して事業主負担分と合わせて納付するなど実務面で多くの部分が共通しています。

毎月の社会保険料は，標準報酬月額にそれぞれの保険料率を乗じて計算します。**標準報酬月額**は3ヵ月間の給与支給実績の平均額に基づいて決まります（図表5-8）が，その決定には次の3つのタイミングがあります（図表5-9）。

図表5-8 平成28年10月分（11月納付分）からの健康保険・厚生年金保険の保険料額表

・健康保険料率：平成28年3月分～　適用　　・厚生年金保険料率：平成28年9月分～平成29年8月分　適用
・介護保険料率：平成27年4月分～　適用　　・子ども・子育て拠出金率：平成28年4月分～　適用（0.2％）

（東京都）　　　　　　　　　　　　　　　　　　　　　　　　　　　　　　　　　　　　　　　（単位：円）

標準報酬		報酬月額		全国健康保険協会管掌健康保険料				厚生年金保険料（厚生年金基金加入員を除く）			
				介護保険第2号被保険者に該当しない場合		介護保険第2号被保険者に該当する場合		一般の被保険者		坑内員・船員	
				9.96％		11.54％		18.182％※		18.184％※	
等級	月額			全額	折半額	全額	折半額	全額	折半額	全額	折半額
		円以上	円未満								
1	58,000	～	63,000	5,776.8	2,888.4	6,693.2	3,346.6				
2	68,000	63,000～	73,000	6,772.8	3,386.4	7,847.2	3,923.6				
3	78,000	73,000～	83,000	7,768.8	3,884.4	9,001.2	4,500.6				
4(1)	88,000	83,000～	93,000	8,764.8	4,382.4	10,155.2	5,077.6	16,000.16	8,000.08	16,001.92	8,000.96
5(2)	98,000	93,000～	101,000	9,760.8	4,880.4	11,309.2	5,654.6	17,818.36	8,909.18	17,820.32	8,910.16

出典：協会けんぽHPより一部抜粋（2016年9月30日検索）。

図表5-9 標準報酬月額の決定と届け出業務

決定時	届け出内容
採用時決定	会社は新たに従業員を採用したとき，社会保険事務所に「健康保険・厚生年金保険被保険者資格取得届」を提出しなければならない。
定時決定	会社は毎年7月に被保険者全員の標準報酬月額を見直し，社会保険事務所に「報酬月額算定基礎届」を提出しなければならない。定時決定した標準報酬月額は原則10月～翌年9月まで使用します。
随時決定	会社は昇給（降給）月から3ヵ月後，一定の条件を満たした場合，社会保険事務所に「報酬月額変更届」を提出しなければならない。

　このように計算された社会保険料（給与から控除される従業員負担分と事業主負担分の合計）に，子ども・子育て拠出金（標準報酬月額の0.2％の事業主負担）を加えた金額を，保険料納入告知書で納付（4月分の保険料は5月末までに納付）します。

〔労働保険〕

　労働保険とは，労働者災害補償保険（以下，労災保険といいます）と雇用保険の総称で，各都道府県の労働局が管轄し，前者は労働基準監督署が，後者は公共職業安定所が担当しています。

労災保険は，労働基準法に基づき，賃金を受けているすべての労働者を対象に，国が労働者を雇っている事業主に対して加入を義務づけ，労災保険料を徴収しています（全額事業主負担）。一方，雇用保険も適用除外条件に該当しない限り，賃金を受けている労働者がいる場合は，雇用保険への加入が義務づけられていますので，その労働者は雇用保険の被保険者となり，雇用保険料が徴収されることになります（従業員と事業主で負担）。

　労災保険料と雇用保険料の計算は，図表5-10のように行います。労災保険と雇用保険の納付事務は一部の業種を除いて一本化されており，労災保険料と雇用保険料を合わせて**労働保険料**として，保険年度（4/1〜3/31）に基づき，原則毎年1回申告・納付します。前年度の賃金支給総額に基づき当年度の概算保険料を申告・納付しておき，1年後の翌保険年度の初めに，前年度の確定保険料を計算して精算します。これを労働保険の年度更新事務といい，事業主は，毎年6月1日から7月10日までの間に「労働保険概算・確定保険料申告書」を所轄の労働基準監督署に提出し，保険料を納付しなければなりません。

図表5-10　労働保険料の計算

労働保険	保険料の計算	保険料率
労災保険料	すべての労働者に支給した賃金給与の総額×保険料率	0.25%〜8.8%
雇用保険料	被保険者の労働者に支給した賃金給与の総額×保険料率	1.1%〜1.4%

（注1）保険料率は随時改定され，表中の数値は平成28年度のもの
（注2）雇用保険料率の負担は1.1%の場合，従業員が0.5%，事業主が0.6%の負担

●──所得税・住民税の年間業務

〔所得税〕

　所得税は，源泉徴収制度といって，会社が従業員の給与・賞与や税理士等の報酬等を支払うさいに，一定の規則にしたがって算出した所得税額を，給与等から控除して納付します。また，会社は毎年12月に従業員の1年間の給与所得金額を確定させて年税額を計算し，すでに徴収した税額を調整する手続き（＝**年末調整**）を行います。このように，所得税額を計算・納付する義務を負うものを源泉徴収義務者といい，給与を支払う会社等がこれに該当します。

　毎月の所得税額は源泉徴収税額表（図表5-11）に基づいて計算します。この表から，所得税額を決める要素は，「その月の社会保険料等控除後の給与等の

金額」と「甲欄（扶養親族等の数）か乙欄か」だとわかります。前者の金額は，給与支給総額から非課税給与（通勤手当等）と社会保険料・雇用保険料を控除した金額です。後者は「給与所得者の扶養控除等（異動）申告書」に基づきます。この申告書は，従業員が入社したとき，扶養親族に異動（結婚や出産，転居）があったとき，毎年1月の給与を計算する前（通常12月）の3つの機会で提出を求めます。提出のあった従業員には甲欄が適用され，年末調整の対象になり，提出がない従業員には乙欄を適用し，年末調整の対象になりません。

図表5-11 給与所得の源泉徴収税額表（平成28年分）

（一）月額表（平成24年3月31日財務省告示第115号別表第一（平成27年3月31日財務省告示第114号改正））（～166,999円）

その月の社会保険料等控除後の給与等の金額		甲								乙
		扶養親族等の数								
		0人	1人	2人	3人	4人	5人	6人	7人	
以上	未満	税 額								税 額
円 88,000円未満	円	円 0	円 0	円 0	円 0	円 0	円 0	円 0	円 0	円 その月の社会保険料等控除後の給与等の金額の3.063%に相当する金額
88,000	89,000	130	0	0	0	0	0	0	0	3,200
89,000	90,000	180	0	0	0	0	0	0	0	3,200
90,000	91,000	230	0	0	0	0	0	0	0	3,200
91,000	92,000	290	0	0	0	0	0	0	0	3,200
92,000	93,000	340	0	0	0	0	0	0	0	3,300

出典：国税庁HPより一部抜粋（2016年9月30日検索）。

給与等から控除した所得税は，税務署から送付される「所得税徴収高計算書」を用いて所轄の税務署へ納付します。納付期限は給与等を支払った日が属する月の翌月10日までです（給料日が4月25日の場合，納付期限は5月10日）。

〔住民税〕

住民税とは都道府県民税と市区町村民税の総称で，地方自治体の収入となる地方税です。住民税額は均等割と所得割からなり，前年の所得に基づいて地方自治体が税額を決定し，納税者に通知する「賦課課税方式」を採用しています。

住民税額の目安は図表5-12のとおりで，その徴収と納付には普通徴収と**特別徴収**があり，会社等で働いている人の場合は特別徴収となります。給与から

控除される住民税額は，毎年1月31日までに会社等から従業員の住所地の各市区町村へ提出された「給与支払報告書」に基づいて計算され（確定申告があった場合はそれに基づきます），5月31日までに会社等宛に「特別徴収税額通知書」が送付されます。会社等はこの通知書に基づいて毎年6月から翌年5月まで給与から住民税額を控除し，翌月10日までに納付します。

図表5-12　住民税額の目安

住民税	均等割	所得割
都道府県民税	年額1,500円	課税所得の4％
区市町村民税	年額3,500円	課税所得の6％

（注）平成26年から35年まで均等割は防災対策のため500円加算

●──その他給与関連業務（賞与・役員報酬・退職金）

給与計算業務に類似したものに，賞与，役員報酬，退職金があります。賞与と退職金は社内規定に基づき，支給額が決定します。控除される社会保険料や所得税額は給与と異なる方法で算定するので注意が必要ですが，業務の流れに給与計算と大きな違いはありません。また，役員報酬は会社法の規定に基づき株主総会等で支給額を決定する必要があって厳密な取り扱いが必要ですが，社会保険料や所得税額など控除額の算定と関連業務の流れは給与計算と同じです。

> **コラム◆給与計算実務能力検定**
>
> 給与計算業務に必要な知識と実務能力を身につける検定試験があります。内閣府認可の一般財団法人職業技能振興会が認定する2年ごとに更新制度のある資格です。試験は1級と2級があり，年2回（11月・3月）実施されます。

> **コラム◆マイナンバー制度**
>
> 平成28年から導入された「社会保障・税番号」制度のことで，国民一人ひとりが12桁の番号をもつことになりました。給与計算業務との関係では，税務署や市区町村に提出する法定調書（源泉徴収票・支払調書・給与支払報告書など）や健康保険組合・年金事務所に提出する書類（資格取得届・算定基礎届・賞与支払届など）にマイナンバーの記載が必要です。したがって，従業員には「給与所得者の扶養控除等（異動）申告書」にマイナンバーの記載を求めます。

第6章

経費支払い業務と会計記録

> **本章の業務フローに関係する主な会計記録（仕訳）**
>
> 1. 経費支払い時
>   （借）修　繕　費　×××　　（貸）普 通 預 金　×××
>   　　　旅 費 交 通 費　×××
>   　　　水 道 光 熱 費　×××
> 2. 消耗品の未使用分の処理
>   （借）消　耗　品　×××　　（貸）消 耗 品 費　×××

　経費は，企業を運営する上で，特別な支出ではなく，売上を上げるための支出のことをいいます。企業の支出のうち経費になるか，ならないかは，「会社の事業に関係する支出か，関係しない支出か」という基準で判断されることになります。そこで，本章では経費の種類と経費処理の判断基準について学習しましょう。

1　経費の意味

●──経費の種類と管理

　一般に経理で経費という場合，会社の運営や販売活動のための必要な費用をさします。

　経費は，**営業経費**と製造経費とに区分され，企業の損益計算書の販売費及び一般管理費の項目で記載されるものを営業経費といい，製造業の製造原価報告書に記載される製品の製造原価を構成する原価要素で，材料費，労務費以外のものを製造経費といいます。また，販売費及び一般管理費で記載されるもののうち人件費以外のものといういい方をされる場合もあります。

　流通業やサービス業では，仕入原価以外の販売費及び一般管理費を経費とよんだり（販売費及び一般管理費＝経費（または人件費＋経費）），販売費及び一般

管理費のうち，人件費以外を経費とよんだり（（総原価＝仕入原価＋経費（販売費＋一般管理費）），または（総原価＝仕入原価＋人件費＋経費））しています。製造業では，製造原価を構成する費目の経費をいいます（製造原価＝材料費＋労務費＋経費）。

ここでは，人件費を除く販売費及び一般管理費の要素としての経費について考えていきましょう。

日常の業務で経費が発生すると会社の各部門から経理部門に領収証や請求書が回ってきます。経理部門はその内容を確認したうえで支払いを行います。経理部門はこうした管理を通じて，不適切な支出がないかチェックする必要があります。経費は少ない額の支出が非常に頻繁に発生するため，その管理を厳重に行い，経費を分類しておかなければなりません。

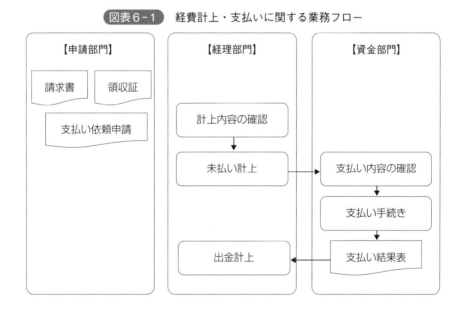

図表6-1　経費計上・支払いに関する業務フロー

また，経費は予算管理の対象でもあり，その効率化と経費削減を行うことは経営者にとって大きな課題です。経費には，支出管理の容易なものとそうでないものがありますが，企業の経営上，経費のムダを把握し，どうしたらムダを削ることができるのかを検討するためにもしっかりした，分類記帳管理が必要

となります。

> 🔍 **コラム◆「経費を使う」「経費で落とす」（「経費で落とす」はタダではない）**
> 　会社での会話で「経費を使う」「経費で落とす」といった表現が使われます。しかし、経費で落とすという処理をいうとその支出がゼロになるわけではなく、また、得をするわけではありません。では経費とは何でしょうか？
> 　経費とは、事業を行う上で必要な費用（コスト）です。経費として認められることで、その支出が、**必要経費**として損益計算書上費用として取り扱われます。「経費で落とす」という言葉は決して、自分で支出しないで飲食等ができるという意味ではありません。

2　経費の分類

●──営業経費（販売費及び一般管理費）

　経費の分類として大きく営業経費（販売・管理活動にかかる経費）と製造経費（製造にかかる経費）に分類します。製造経費に外注加工賃という外注費（委託費）があります。最近では営業経費に**アウトソーシング費**なども出てきますが、これも外注費・委託費として処理されます。

　本章では、営業経費について学習していきましょう。製造経費については第7章で取り上げます。

3　経費の消費額の違いによる分類

　経費は消費額の計算方法の違いによって、以下の4つに分類することができます。

●──支払経費

　実際の支払額を消費額とする経費をいいます。通常は計算期間（1日から月末まで）と支払期間とがずれていますので、月末に未払い分と前払い分の金額をプラス・マイナスする必要がありますが、コスト削減のためには計算期間＝支払期間とする場合もあります。
〈例〉外注加工賃、通信費、旅費交通費など

支払経費の消費額＝当月支払額－前月未払額＋前月前払額＋当月未払額
　　　　　　　　－当月前払額

　上記処理は**年次決算**時の処理で学習することが多いですが，実際には消費額の計算は**月次損益**処理として行われています。

◉――発生経費

　毎月の実際発生額を計算し，その金額を消費額とする経費をいいます。
〈例〉棚卸減耗費など：発生経費の消費額＝当月発生額

◉――測定経費

　実際の支払額とは別に，毎月の消費量をメーターで測定し，これをもとに計算した金額を消費量とする経費です。1社でメーターが数ヵ所にある場合にはこの方法を用います。
〈例〉電気，ガス，水道料など：測定経費の消費額＝単価×当月分測定量

◉――月割経費

　1年や半年といった比較的長い期間にわたってその総額が決められている経費をいいます。月割り経費は総額を月割りした額を毎月の消費額とします。
〈例〉修繕費，支払保険料，賃借料など
　　月割経費の消費額＝年間支払額（計上額）÷12ヵ月（支払額に対する月数）

4　経費の種類と仕訳

　それでは，実際に企業が計上する経費にはどのような種類のものがあるのでしょうか。その種類と特徴をみていきたいと思います。

◉――主な経費項目

(1)　**租税公課**

　事業のために支払った税金は租税公課として必要経費となります。この租税は，国や地方自治体から課せられる税金などで，公課は税金以外で，公的機関に対して支払う交付金や会費などが該当します。税金には，印紙税・事業税・

事業所税・自動車重量税・登録免許税・利子税等があります。

　（借）租　税　公　課　　×××　　（貸）普　通　預　金　　×××

(2)　**修繕費**

　事業の用に供する建物，機械，車両，事務機器などの固定資産は，使用している間に傷んだり，そのまま使い続けると安全性に問題が生じたりすることが考えられます。修繕費は，それらの固定資産の維持や補修のためにかかる費用をいい，コピー機などの定期メンテナンス費用，営業車の定期点検，部品交換，壁のクロスの張り替えや塗装などが該当します。

　ただし，法人税法によれば，金額が20万円以上のもので3年を超えて不定期に行われる修繕等は**資本的支出**とする場合があります。資本的支出とは使用可能年数の延長・資産価値の増加を伴う支出をいいます。資本的支出は資産に計上した後，その後の減価償却を通じて費用化していくことになります。

　（借）修　繕　費　　　　×××　　（貸）普　通　預　金　　×××
　　　　備　　　品　　　　×××

(3)　**発送費**

　送料のうち販売するための商品を納入したり，製品の出荷するさいの費用は，荷造運賃とします。荷造運賃には，荷造りに使用する梱包資材をいい，ビニールひも，ガムテープ，荷札・クッション材・発砲スチロール・段ボール・木枠・包装紙などがあります。また，運賃は，宅配便の料金や鉄道貨物代・航空貨物代などがあります。ただし，商品を仕入れたときの運賃や，固定資産を取得するさいに運賃がかかった場合は，運賃に算入するのではなく，取得原価に加えます。発送費は，あくまでも営業活動中の売上に付随して発生する費用をいいます。

　（借）売　　掛　　金　　×××　　（貸）売　　　　　上　　×××
　（借）発　　送　　費　　×××　　（貸）普　通　預　金　　×××

(4)　**通信費**

　通信費とは，文字どおり業務上，通信のために支払ったものをいいます。通信費には，電話料金，インターネット料金，携帯電話料金，プロバイダ料金，

郵便代，郵便切手代，メール便料金などが含まれます。しかし，郵便局や通信会社に支払ったものがすべて通信費かというとそうではありません。郵便料金であってもダイレクトメールの費用は，広告宣伝費であり，郵便局で購入した収入印紙は，租税公課です。また，携帯電話の購入費用は，消耗品費とすることが多いようです。郵便切手を購入し，購入時に通信費や広告宣伝費にいったん計上したものであっても期末に大量に残った場合は**貯蔵品**として処理しなければなりません。

　　　　（借）通　信　費　　　×××　（貸）普　通　預　金　　　×××

(5) **広告宣伝費**

　広告宣伝というと，新聞広告やテレビコマーシャルなどをイメージする人が多いと思いますが，広告宣伝費となるものは，それだけではなく，ノベルティグッズや新聞折り込みチラシ・ダイレクトメール，自社商品の紹介パンフレット，建物に取りつけた看板やネオンサイン（ただし，法人税法によれば，取得価額が10万円を超えるものは除かれます），街頭で配布するティッシュ・ペーパー，インターネット上の広告など，不特定多数の人に対して広告宣伝効果を期待して支出する費用をいいます。

　　　　（借）広 告 宣 伝 費　　×××　（貸）普　通　預　金　　　×××

(6) **外注費（アウトソーシング費用・業務委託費・外注加工賃）**

　業務の内容の一部（たとえば経理業務）を外部に委託することがあります。その支出が外注費です。事務計算処理のアウトソーシング，テレビ制作会社のカメラ撮影やレポーターなどを委託した場合の費用も外注費（委託費）となります。一方，製造業や建設業での製造工程の依頼や工事の一部を下請け会社に発注するさいに発生する費用を外注加工賃（費）といい，製造原価に計上します。

　　　　（借）外 注 加 工 賃　　×××　（貸）普　通　預　金　　　×××

(7) **水道光熱費**

　水道光熱費勘定としてまとめていますが，水道料金，電気代，ガス代や燃料としての灯油や重油代などが含まれます。水道料金・電気代・ガス代は，測定により使用料金が確定し，使用した月の翌月に請求されるため，期末の未払金

を計上します。ただ，金額が僅少の場合や毎月ほぼ一定額の場合には，**現金基準**により計上することもあります。

工場などで使用する水道代，電気代等の製造に関わる部分は，製造経費として計上します。そのためメーターを工場と事務所に区別している場合が多く，そうでない場合は，合理的な方法（使用機器の使用量等）で配分します。

　　（借）水　道　光　熱　費　　×××　　（貸）普　通　預　金　　×××

(8)　**保険料**

企業は事業を行う上でさまざまなリスクを負っています。それらのリスクに備えるために企業は保険料を支払って，火災・盗難・水害・地震・データ流出，破損・権利侵害等の損害賠償保険など，さまざまな損害保険等（**満期返戻金のないいわゆる掛け捨て保険**）に加入しています。その支出保険料を経費として処理をします。

　　（借）支　払　保　険　料　　×××　　（貸）普　通　預　金　　×××

満期返戻金のある保険の支払保険料のうち，満期積立金相当額については費用とせず**保険積立金**として投資その他の資産として計上し，満期保険金または解約返戻金を受け取ったときに保険積立金を取り崩し，受取額と積立額との差額を収益または費用に計上します。

　　（借）支　払　保　険　料　　×××　　（貸）普　通　預　金　　×××
　　　　　保　険　積　立　金　　×××

(9)　**消耗品費**

消耗品費とは，事務用消耗品や消耗工具器具備品などを購入した費用をいいます。消耗品は通常，購入した時点で消耗品費として費用処理しますが，消耗品を大量購入し，期末時点で未使用のものがある場合には，資産として消耗品（貯蔵品）に計上します。

　　（借）消　耗　品　費　　×××　　（貸）普　通　預　金　　×××

図表6-2　注意したい消耗品の取扱い

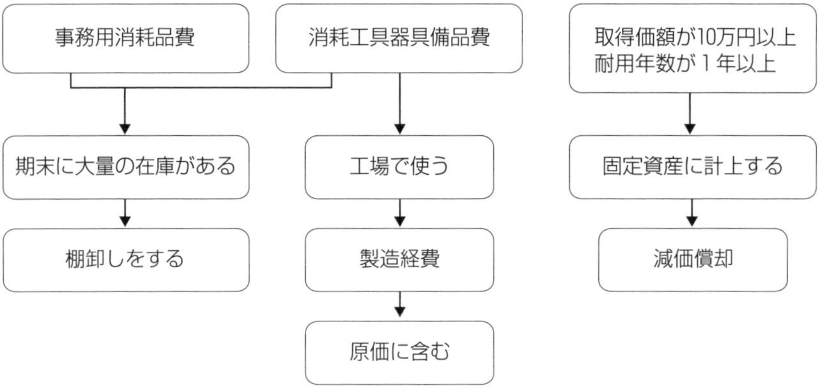

```
事務用消耗品費 → 期末に大量の在庫がある → 棚卸しをする
消耗工具器具備品費 → 工場で使う → 製造経費 → 原価に含む
取得価額が10万円以上 耐用年数が1年以上 → 固定資産に計上する → 減価償却
```

(10) 福利厚生費

　福利厚生費とは，従業員が安心して働ける職場や快適な職場環境にするために支出する費用をいいます。福利厚生費には，法律に基づいて会社が従業員のために負担する社会保険や労働保険等の各種保険料の法定福利費と従業員の慰安のために行う慰安旅行やレクリエーション，忘年会費用，制服代，厚生施設費用，慶弔費のような一般的な福利厚生費があります。

　福利厚生費に含まれるものとして，定期健康診断・予防接種等の医療保険費用，厚生施設費用，慰安旅行等の親睦活動費用，慶弔費用，作業服・制服・石鹸・お茶など従業員のための消耗品などがあります。

　　（借）福 利 厚 生 費　　×××　　（貸）普 通 預 金　　×××

(11) 賃借料・支払地代

　賃借料は，事業を行うため土地を借りている場合の地代，事務所・店舗・工場などの家賃や倉庫の家賃，月極駐車場の使用料のほか，自動車・機械設備・印刷機などのリース・レンタル費用なども含みます（リースについては，使用状況等によって処理が異なる場合があります）。

　　（借）支 払 地 代　　×××　　（貸）普 通 預 金　　×××

(12) 支払手数料

　支払手数料は，公認会計士，税理士，社会保険労務士など外部の専門家に支

払う報酬や手数料をいいます。そのほかには，送金時にかかる送金手数料も支払手数料で処理をします。販売にかかる手数料の販売手数料は含まれません。

　　（借）支　払　手　数　料　　　×××　　（貸）普　通　預　金　　　×××

(13)　**減価償却費**

　減価償却は，固定資産の取得価額を使用可能期間に費用配分する手続きで，各期の損益計算書に計上する科目が減価償却費です。この減価償却費が費用処理されます。

　　（借）減　価　償　却　費　　　×××　　（貸）減価償却累計額　　　×××

(14)　**旅費交通費と通勤交通費**

　旅費交通費は，業務での取引先との打ち合せのための移動や，出張などの業務での移動費用や宿泊費などをいいます。旅費交通費も原則的には，領収書の提出が必要ですが，タクシーの運賃や長距離の運賃などと違い，近距離の電車や地下鉄，バスでは領収書が原則として発行されません。そこで，領収書に代わる交通費の精算書を用いて，支払いの事実を明記し費用とします。一方，従業員が日々自宅から会社までの交通費は通勤交通費となります。

　　（借）旅　費　交　通　費　　　×××　　（貸）普　通　預　金　　　×××

(15)　**その他の経費**

　その他の経費としては交際費・寄付金・調査費・新聞図書費・保管料・販売奨励金・見本品費・保証修理費・雑給・棚卸減耗費・各種引当金繰入額・雑費などがあります。寄付金，交際費については別途解説します。

●――**支払経費の経過勘定処理（費用の繰延べ・見越し）**

　上述した支払保険料や支払地代の多くは，半年分や1年分を支払うことがあり，当期費用として支払った金額のうち当期会計期間と支払期間とのずれが生じることがあります。そこで決算時に，支払額のうち次期以降の期間に該当する費用をその費用の勘定から控除するとともに資産勘定（**前払費用勘定**）に振り替え，次期に繰り延べる処理を行います。これを費用の繰延べといいます。

　前払費用は，一定の契約にしたがい，支払額について，時の経過に伴いサー

ビスの提供を受ける場合，いまだ提供されていないサービスに対して支払われた対価をいい，前払費用とて処理します。翌期首に再振替仕訳を行います。

支払時

　　（借）支　払　保　険　料　　×××　　（貸）普　通　預　金　　×××

決算時（繰延べ）

　　（借）前　払　保　険　料　　×××　　（貸）支　払　保　険　料　　×××

翌期首の再振替仕訳

　　（借）支　払　保　険　料　　×××　　（貸）前　払　保　険　料　　×××

　また，前払費用とは反対に支払いはまだ行われていないが，当期の費用とすべき経費がある場合，費用勘定に記入すると同時に，負債勘定（**未払費用**勘定）として計上します。翌期首に再振替仕訳が行われることにより，正しい期間へ期間配分が行われることになります。

決算時（見越し）

　　（借）支　払　地　代　　×××　　（貸）未　払　地　代　　×××

翌期首の再振替仕訳

　　（借）未　払　地　代　　×××　　（貸）支　払　地　代　　×××

●──寄付金の処理

　寄付金とは，寄付金・見舞金・拠出金など，どのような名目で寄付をするかを問わず，金銭その他資産または経済的利益の贈与または，無償の供与をいい，寄付金の額は金銭の額となり，金銭以外の場合は贈与時の価格となります。

　会計上は，寄付金の額を支払い時に下記の仕訳を行い，費用処理を行えば会計処理は終了しますが，寄付金は，見返りを期待しない支出であり，寄付による企業の広告宣伝の効果や収益を見積もることが難しく，経費性が薄い支出といえます。そのため，税法上はすべてが費用として損金経理が認められるわけではなく，寄付金の目的（寄付の対象）により限度額が設けられています。

(借)寄　　付　　金　　×××　　(貸)普　通　預　金　　×××

●──交際費の処理と他の経費との区別

　交際費は，接待交際費という場合もあり，取引をスムーズにしたりビジネスを開拓する目的で得意先や仕入先に対する接待・供応・慰安や贈答品を送ったりするために支出する費用をいい，いわゆる「お付き合い」の費用です。

　ただし，次に掲げる費用は交際費から除かれ，他の経費との区別をしっかり行うことが必要です。

(1)　もっぱら従業員に慰安のために支出した費用（福利厚生費）
(2)　飲食等のために要する費用で1人当たり5,000円以下の費用（会議費）
(3)　その他　カレンダー・扇子・うちわ・手ぬぐいなどを贈与するために要する費用（広告宣伝費）
(4)　会議のときの茶菓・弁当代（会議費）

　税務上は，企業の規模によって損金算入できる額が制限されています。交際費としての計上のポイントは，会社の事業に関連した支出であり，使途が明らかであることが必要です。また，領収証などの証憑類と誰をどのような目的で接待したかという記録が明確である必要があります。

(借)交　　際　　費　　×××　　(貸)普　通　預　金　　×××

●──証憑の整理

　経費を支出した場合には請求書や領収証などの証憑類の整理保管をしっかり行う必要があります。会社の部門で小口現金から支出された経費については，その領収証が入手されているかを確認する必要があります。特に，領収証の管理は重要です。支出の証拠となる重要な証憑なので，しっかり管理するように心がけましょう。

　営業活動等で発生する交通費について，領収証が入手できない場合には支払った従業員が，交通費の精算書を作成し，提出します。取引上発生する比較的高額な経費の支払いについては，承認がなされた上で，適切な支払いであるかをチェックし，さらに証憑として納品書・請求書の提出が必要となります。

第7章

製造活動と会計記録

> **本章の業務フローに関係する主な会計記録（仕訳）**
>
> 1　製品を製造するために材料を消費したとき
>   　　（借）仕　掛　品　×××　（貸）材　　　料　×××
> 2　製品が完成したとき
>   　　（借）製　　　品　×××　（貸）仕　掛　品　×××

　製品やサービスを製造し販売する形態を採用している企業では，それがいくらでできたかを計算しなければなりません。製品やサービスの原価を計算することで，販売価格の決定や原価の削減など，経営を合理化するために重要な役割を果たすことができます。そこで本章では，製品やサービスの原価を集計するための手続きについてみていきます。

1　原価計算の意味

●——原価計算の役割

　原価計算とは，顧客に提供する商品やサービスがいくらでできているかを計算することです。たとえば商業簿記を用いている卸売業では，外部から購入した商品に利益を上乗せして小売業や消費者に販売します。それに対し工業簿記を用いている製造業では，外部から材料を購入し，人が機械でその材料を加工することにより新たな製品を製造し，それを販売することで利益を獲得します。

　これはサービス業でも同じです。たとえば印刷会社では，紙やインキなどの材料を購入し，従業員が機械を使って製版作業や印刷作業を行うことで完成品である印刷物を作成し，それを販売しています。

　では，製品やサービスの原価はなぜ個々に計算する必要があるのでしょうか。個々の製品やサービスの原価を計算することで，製品やサービスの価格を決定したり，収益性を把握したり，どのような原価が発生しているかを明らかにす

図表7-1　印刷会社における製造活動と帳簿

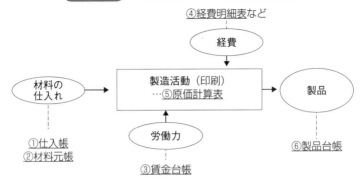

ることで利益獲得に向けた計画や原価削減に必要な情報を手に入れることができるようになります。

　原価計算は，貸借対照表や損益計算書の作成に欠かせない情報も提供しています。販売された製品の原価は売上原価として損益計算書に，完成して期末に未販売の製品は棚卸資産として貸借対照表の資産の部に記載されます。また期末に製造途中の製品も，仕掛品（しかかりひん）として貸借対照表の資産の部に記載されます。これらの金額を計算するのも原価計算です。

　このように，原価計算は製品の販売価格を決定したり，原価を削減するきっかけを提供したり，利益計画を立てたり，目標となる予算を設定したりと，効率的に経営を行うために必要とされています。

●──原価計算の仕組み

　原価計算は，価値移転的な考え方に基づいています。たとえば印刷会社では，材料費として多くの紙を必要とします。印刷前は無地の"紙"という材料としての価値をもっていますが，従業員による製版作業や印刷作業を経ることで，材料や労働力などの価値が製品に集計され，最終的には利益を上乗せして印刷物という新たな製品として購入者に提供されます。

　このように企業は，製品やサービスを提供するために材料を購入し，加工するために従業員を雇い，機械を動かすために電力を消費したり減価償却を行ったりすることで，新たな価値をもつ製品を製造し販売します。価値移転的とは，材料や従業員，減価償却費や電力料などの価値が加工作業を通じて完成品に移

転され，販売することでその対価を回収するという考え方です。

原価計算では，製造活動で消費された経営資源を，モノ（材料）の消費によって発生する**材料費**，ヒト（労働力）の消費によって発生する**労務費**，それ以外の経営資源の消費によって発生する**経費**の3つに分類します。これを原価計算では費目別計算といいます。

図表7-1は，印刷会社での製造活動の流れと主な帳簿関係を示しています。たとえば紙などの材料は，購入時に数量や金額を仕入帳（①）や**材料元帳**（②）に記入して消費額を把握します。また従業員の労働力は，作業時間や賃率を**賃金台帳**（③）に記入して労務費を把握します。そして減価償却費や電力料などの経費は，明細を示した**経費明細表**（④）などに記入して消費額を把握します。

材料費，労務費，経費は，製品種類ごとに原価を集計する**原価計算表**（⑤）に記入して製品の原価を算定します。すなわち，原価計算表は製品やサービスを提供するために必要な原価をすぐに集計できるという利点があります。そして完成した製品は**製品台帳**（⑥）に記録され，販売すると，払い出しの処理を行います。

2　費目別計算と原価計算表

●——材料の購入と出庫

図表7-2は，材料の購入活動および消費活動と帳簿との関係を示しています。印刷会社では，在庫を管理する倉庫部門が材料である紙の過不足を把握すると，必要な材料の種類や数量を購買部門に連絡し，購入依頼を行います（①）。

購買部門は，購入依頼書に基づいて仕入先に材料を発注します（②）。その後，発注した材料が納品されると，購買部門は仕入帳に記入するとともに（③），発注した材料の種類や数量，状態を確認するために検収を行い（④），検収の済んだ材料から順に倉庫に入れて保管します（⑤）。そして倉庫部門は，納品された材料を材料元帳に記入し，出入庫を管理します。

図表7-3は，出庫票による材料の払出と原価計算表の関係を示しています。製造部門が材料を消費するときは，製造部門から倉庫部門に出庫票を渡し，倉庫部門は出庫票に基づいて材料を出庫します。そのとき，製品ごとの材料の消費額を正確に計算するため，注文ごとに出庫票を分けて作成します。

図表7-2　材料の購入活動・消費活動と帳簿との連携

図表7-3　出庫票と原価計算表（例）

出庫票				No.2
製造指図書No.5				
材料コード	摘要	出庫数量	単価	金額
No.1		200枚	￥20	￥4,000

原価計算表											
											製造指図書No.5
直接材料費			直接労務費			直接経費			製造間接費		
日付	出庫票No	金額	日付	時間票No	金額	日付	実績表No	金額	日付	配賦率	金額
	2	￥4,000									

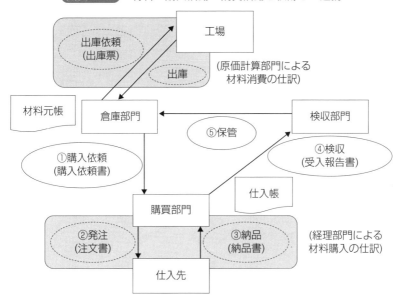

図表7-4　勤務時間の内訳

勤務時間					
就業時間					休憩および職場離脱時間
実働時間				手待時間	
直接作業時間		間接作業時間			
段取時間	加工時間				

　出庫した材料の原価は，製品ごとの原価計算表に記入します。そのとき，紙（材料）が直接その製品の一部になるときは直接材料費として仕掛品勘定に，また間接的に消費するときは間接材料費として製造間接費勘定に集計します。出庫時の材料の払出単価は，先入先出法や平均法などにより算定します。

◉────労務費の消費

　労務費は，従業員の労働に対する対価として支払われます。賃金については第5章でも扱っていますが，ここでは賃金の消費についてみていきます。
　図表7-4に示すように，勤務時間は業務に携わっている就業時間と休憩時間に分けられます。また，就業時間はさらに実際の作業に要する時間とラインの停止などで作業ができず待機する手待時間に分けられます。最後に実際作業時間は，製品やサービスに直接的に関わる直接作業時間とそれ以外の間接作業時間に分けられます。このうち，就業時間が賃金の支払対象時間となります。
　図表7-5は作業時間票と原価計算表の関係を示しています。賃金の消費額は，賃率に作業時間を乗じて求めます。製造のために直接的に作業を行ったときは直接労務費として仕掛品勘定に，また材料の運搬や工場の事務員など製造以外の作業を行ったときは，間接労務費として製造間接費勘定に集計されます。
　賃金は，図表7-6に示す賃金台帳に基づいて計算されます。賃金台帳では，毎月の労働日数や時間数，時間外労働や休日労働および深夜労働の時間，諸手当や所得控除額など，個人の賃金に関わる重要な情報が記録されています。

◉────経費の消費

　商業簿記では，経費といえば事業を展開する上で必要な費用を指しますが（第6章参照），原価計算では，経費とは材料費および労務費以外のものをいい，

図表7-5　作業時間票と原価計算表（例）

作業時間票				No.14
製造指図書No.5				
作業コード	摘要	作業時間	単価	金額
No.20		50時間	￥600	￥30,000

原価計算表

製造指図書No.5

直接材料費			直接労務費			直接経費			製造間接費		
日付	出庫票No	金額	日付	時間票No	金額	日付	実績表No	金額	日付	配賦率	金額
	2	￥4,000		14	￥30,000						

図表7-6　賃金台帳の例

氏　名		性　別	賃金台帳（常時使用される労働者に対するもの）										
賃金計算期間	労働日数	労働時間数	休日労働時間数	早出残業時間数	深夜労働時間数	基本賃金	所定時間外割増賃金	手　当 || 小計	臨時の給与	賞与	合計	控除金	実物給与

出典：厚生労働省HPより一部修正。

商業簿記が指す経費と区分するために製造経費とよばれます。製造経費は，材料費や労務費と同じように製品を製造する上で必要な金額ですので，完成品の金額を計算するときには製造原価として製造経費も算入されます。

　印刷会社では，発生する製造経費として製本を外注に出すときの外注加工賃，印刷用機械の減価償却費，機械や照明などの水道光熱費などがあります。

　製造経費は，消費額を計算する方法として，支払額を原価とする支払経費，月額を消費額とする月割経費，1ヵ月分の消費量を測定して消費額を算定する

測定経費があります。たとえば外注加工賃は支払額が消費額になるので支払経費，減価償却費は年額のうち1ヵ月分が消費額になるので月割経費，水道光熱費は1ヵ月分をメーターで測定して消費額を算定するので測定経費となります。

また製品との関連でみると，外注加工賃は製品と直接的な関連性があるので，直接経費として仕掛品勘定に集計されますが，それ以外の経費は製品との関連性が明確ではないので，間接経費として製造間接費勘定に集計されます。特に近年では，自社ですべての機能を保持するのではなく，さまざまな外部企業に委託することも多いため，外注加工賃を計上する企業は増加傾向にあります。

図表7-7は，外注加工先からの納品状況をまとめた仕入実績表と原価計算表の関係です。外注加工先からの納品書や仕入実績表に基づいて外注加工賃の金額を集計し，各製品の原価計算表の直接経費の欄に記入します。

図表7-7　仕入実績表と原価計算表（例）

仕入実績表

担当者：				No.12
商品名	仕入単価	発注数	仕入金額	備考
A商品	¥30	100本	¥3,000	

原価計算表

製造指図書No.5

直接材料費			直接労務費			直接経費			製造間接費		
日付	出庫票No	金額	日付	時間票No	金額	日付	実績表No	金額	日付	配賦率	金額
	2	¥4,000		14	¥30,000		12	¥3,000			

3　製造間接費の計算

製品と直接的に結びつけることができない製造間接費ですが，そのままにしておくわけにはいきません。なぜなら，製造間接費も製品を製造するために必要な原価なので，そのままでは製品がいくらでできたのかを計算することができないからです。そこで，発生した間接材料費，間接労務費，間接経費はすべ

ていったん製造間接費に集計した上で，各製品に負担させる手続きをします。

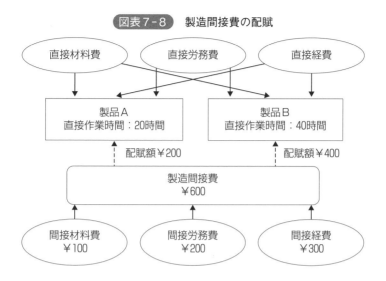

図表7-8　製造間接費の配賦

　図表7-8は，製造間接費の配賦を図示しています。間接材料費，間接労務費，間接経費を集計した製造間接費は，直接作業時間など各製品に共通の指標を用いて配分することで，製品ごとの原価を計算することができます。たとえば材料費の割合が高いときは直接材料費，労務費の割合が高いときは直接労務費や直接作業時間，機械作業中心のときは機械作業時間で製造間接費を配賦します。

　また図表7-9は，製造間接費配賦表と原価計算表の関係を示しています。製品との直接的な関係が不明確な製造間接費は，発生した場所（部門）ごとに集計し直した上で，部門ごとに製品への配賦率を決めて配賦することになります。このとき，配賦率は部門ごとの製造間接費を時間などの配賦基準で除して求めます。これを原価計算では部門別計算といいます。

　たとえば作業時間を基準とすると，加工部門の配賦率が1時間当たり200円，作業時間が20時間のとき，加工部門費の配賦額は4,000円になります。同様に切削部門の配賦率が1時間当たり300円，作業時間が30時間のとき，切削部門費の配賦額は9,000円になります。

図表7-9　製造間接費配賦表と原価計算表（例）

製造間接費配賦表				
	製造部門		補助部門	
	加工部門	切削部門	修繕部門	事務部門
配賦率	@¥200	@¥300		

加工部門の作業時間：20時間
切削部門の作業時間：30時間

原価計算表

製造指図書No.5

直接材料費			直接労務費			直接経費			製造間接費		
日付	出庫票No	金額	日付	時間票No	金額	日付	実績表No	金額	日付	配賦率	金額
	2	¥4,000		14	¥30,000		12	¥3,000		200 300	¥4,000 ¥9,000

4　製品別計算と製造原価明細書

　製品別計算では，個別原価計算や総合原価計算を用いて当期に完成した製品の原価を計算します。実際には，前月末に作りかけの製品（月初仕掛品）や，当月中に完成しなかった製品（月末仕掛品）もありますので，当月に消費された直接材料費，直接労務費，直接経費，製造間接費の合計額に月初仕掛品原価を加算し，月末仕掛品原価を差し引いて当月に完成した製品の原価を計算します。

　図表7-10は，**製造原価明細書**の例を示しています。製造原価明細書とは，当期に完成した製品の原価とその内訳を示す報告書です。発生した原価を材料費，労務費，経費に分類して費目別計算を行い，製造間接費はさらに部門別計算を行い，最終的に製品の原価を計算する製品別計算を行うことで当期に完成した製品の製造原価が計算され，製造原価明細書の一番下に記載されます。

　製造原価明細書に示された当期製品製造原価の金額は，損益計算書の売上原価を計算する欄にある当期製品製造原価の金額と一致します。これは，商業簿記において期首商品棚卸高に当期商品仕入高を加算し，期末商品棚卸高を差し引いて売上原価を計算する手続きと考え方は同じです。このように，原価計算

は製造した製品がいくらでできているかを計算する重要なプロセスとなります。

図表7-10 製造原価明細書（例）と損益計算書

製造原価明細書
××年×月×日～××年×月×日　　　　　　　　　　（単位：円）

項目	内訳	金額
Ⅰ　材料費		
期首材料棚卸高	×××	
当期材料仕入高	×××	
合計	×××	
材料期末棚卸高	×××	
差引：当期材料費		×××
Ⅱ　労務費		
従業員給与	×××	
福利厚生費	×××	
当期労務費計		×××
Ⅲ　経費		
外注加工賃	×××	
その他	×××	
当期経費計		×××
当期総製造費用計		×××
期首仕掛品棚卸高		×××
合計		×××
期末仕掛品棚卸高		×××
当期製品製造原価		×××

損益計算書
××年×月×日～××年×月×日　　　　　　　　　　（単位：円）

項目	内訳	金額
Ⅰ　売上高		×××
Ⅱ　売上原価		
期首製品棚卸高	×××	
当期製品製造原価	×××	
合計	×××	
期末製品棚卸高	×××	
当期製品売上原価		×××
売上総利益		×××

出典：中小企業庁HPより一部修正。

第8章

設備投資活動と金融投資活動

> **本章の業務フローに関係する主な会計記録（仕訳）**
>
> 1. 事業拡張を目的とし，営業用建物を購入した。
>   (借) 建　　　　物　×××　　(貸) 普 通 預 金　×××
> 2. 安定的な利息収入を目的とし，社債を満期保有目的で購入した。
>   (借) 満期保有目的債券　×××　　(貸) 普 通 預 金　×××

　個人の場合，「投資」と聞くと，「損をするのではないか」，「リスクが大きいのではないか」などの不安を抱く人がいるかもしれません。しかし，会社の場合「投資」がなければ，成長はありえません。そもそも，「投資」は，金融投資のような狭い意味の利殖活動に留まらないのです。本章では，企業活動における「投資」の意味を理解し，それに伴う会計処理について紹介します。

1　投資の意味

●──会社における投資活動

　会社などの組織体において，将来的に資本を増殖させる（＝利益を得る）ことを目的として，現在の資産を別の資産等に移し替える行為を**投資**といいます（広義の投資）。経済学でいうところの［G→W→G'］における「W」への変換行為です。したがって，手持ちの資金で販売目的の商品を購入する行為や，短期的なキャピタル・ゲイン獲得を目的として株式を購入する行為（このような行為を特に「投機」とよぶことがあります）なども広義の投資に該当しますが，本章で扱う投資はそのような短期的な投資ではなく，長期的な資産への運用に限定します（狭義の投資）。

　狭義の投資は，内部投資と外部投資とに分類されます。内部投資は，会社内部における資産，換言すれば利用目的資産に投じるものであり，建物，備品，ソフトウェア，リース資産等を対象とした運用を指します。これに対し，外部

投資は，会社外部における資産，換言すれば支配力・影響力行使ないし長期利殖目的資産に投じるものであり，株式・債券，預金，貸付等を対象とした運用を指します。貸借対照表における表示区分と照らし合わせれば，内部投資は固定資産区分中，有形固定資産と無形固定資産に記載されるものであり，外部投資は投資その他の資産に記載されるものといえます。

図表8-1　固定資産の区分

固定資産	
有形固定資産	事業に利用する設備資産 [項目] 建物，構築物，車両運搬具，工具器具備品，土地など
無形固定資産	事業に利用する諸権利，ソフトウェア，M&A差額等 [項目] 特許権，商標権，借地権，電話加入権，ソフトウェア，のれんなど
投資その他の資産	企業外部への資金運用（長期利殖資産，支配株式等） [項目] 関係会社株式，投資有価証券，長期貸付金，長期性預金など

● ──投資対象の性質

投資は，必ずしも良い結果が得られるとは限りません。運用次第では損失を被ることもあります。たとえば好況期に建物を取得したものの，その後不況に転じ，事前予測どおりの売上収益の獲得ができなくなる場合や，余資運用で株式を取得したものの，その後当該株式の株価が下落する場合などです。しばしば「投資にリスクはつきもの」といわれますが，それは投資した結果がどのくらい得をするのか損をするのか，事前には予測がつかないことを意味しているのです。

また，投資は長期性預金等の貯蓄も含みますが，一般的に預金や債券はローリスク・ローリターンな投資対象であり，株式等はハイリスク・ハイリターンな投資対象といえます。つまり，預金等にあっては元本が減るリスクが極めて低い一方，利息収入は限定的ということです。他方，株式は投資対象会社が好業績に転じれば，元本が大幅に大きくなる可能性を秘めているのと同時に，業績が悪化すれば元本が大幅に小さくなる可能性を秘めているということです。

2 設備投資活動

●──設備投資の対象

　会社が営業活動を行うためには，さまざまな設備資産が必要です。小売業やサービス業では，店舗や倉庫として使う土地・建物等の不動産，店内の什器や照明などの設備が必要です。製造業であればそれらに加え，機械装置等が必要となります。これらの資産への投資行為を，**設備投資**とよびます。設備投資は，その使用可能期間（耐用年数）を踏まえて，長期的なスパンで計画的に行わなければなりません。

　これらの資産は，老朽化により買い替える場合もあります。また，産業構造や会社業態の変化に伴い，不適応化することもあり，このような場合にも廃棄・更新を決断しなければならないことがあります。ともすると会社経営者は，手持ち資金が豊富なときに，設備投資を積極的に実行する傾向がありますが，設備投資は短期的な投資ではないため，慎重な判断が求められます。以下，設備投資資産として，営業用の建物，リース資産，ソフトウェアについてふれます。

●──建物などの有形固定資産

　会社は店舗，事務所，工場などの建物を有する必要性が生じることがあります。建物に加え，土地，器具備品，機械装置などを，有形固定資産といいます。有形固定資産を取得したときは，買入価額（本体金額）に付随費用を加えた取得原価によって記帳します。

　ここに付随費用とは，当該資産を使用するまでにかかった費用で，買入手数料，引取運賃，関税，登録費，据付費，試運転費，整地費などがあります。付随費用を取得原価に含めるのは，これらの費用は支出年度のみの売上獲得に貢献するのではなく，当該資産の使用期間全体の売上獲得に貢献するためです。

例題8-1　建物の取得と減価償却

① 営業用に建物1,000,000円を買い入れ，代金は買入手数料200,000円とともに，普通預金から支払った。

(借) 建　　　　　　物　1,200,000　　（貸）普　通　預　金　1,200,000

② 決算日を迎え，建物の減価償却費40,000円を計上した。

(借) 減　価　償　却　費　40,000　　（貸）建物減価償却累計額　40,000

例題8-2　建物の売却

取得原価2,000,000円，減価償却累計額480,000円の建物を1,300,000円で売却し，代金は普通預金に入金した。

(借) 建物減価償却累計額　480,000　　（貸）建　　　　　　物　2,000,000
　　　普　通　預　金　1,300,000
　　　固 定 資 産 売 却 損　220,000

大規模会社にもなると，有形固定資産を大量に保有することになりますが，それらを管理するために，種類別の明細を記録する補助簿として，固定資産台帳を用いることがあります（図表8-2）。これには，種類別の口座を設けて，その取得年月日，取得原価，減価償却費，帳簿価額などを記入して，固定資産を管理します。

●──ソフトウェアなどの無形固定資産

現代の会社では，ほぼ例外なくPCによる業務管理を行っています。そのさい，ハードウェアたるPCそのものは，市販品を購入もしくはリースにより利用することがほとんどですが，**ソフトウェア**に関しては市販品では複雑化した会社の状況に対応しきれないこともあり，外部のベンダーにオーダーのうえ，会社に合ったソフトウェアを制作してもらい，それをインストールするケースも多くみられます。そのソフトウェア制作費は，たとえ支払いが完済していても，有形固定資産と同様に，長期間にわたり使用することになるため，売上高との適正な対応を目指し，資産計上のうえ，決算で減価償却を実施します。

図表8-2　固定資産台帳

固定資産台帳　自　年　月　日　至　年　月　日

管理番号	資産名	資産種類	取得日	数量	償却方法	償却率	耐用年数	取得価額
1000	DEL製パソコン	工具器具備品	×年1月20日	1	定額法	0.250	4年	300,000円
1001	NEC製パソコン	工具器具備品	×年1月20日	1	定額法	0.250	4年	200,000円
								500,000円

例題8-3　ソフトウェアの取得と減価償却

① 管理部門で使用するソフトウェアを取得し，その制作代金300,000円は普通預金から支払った。

　　（借）ソ フ ト ウ ェ ア　300,000　　（貸）普　通　預　金　300,000

② 決算日を迎え，ソフトウェアの減価償却費100,000円を計上した。

　　（借）減 価 償 却 費　100,000　　（貸）ソ フ ト ウ ェ ア　100,000

ソフトウェアを種類別に明細を記録する補助簿として，ソフトウェア台帳を用いることがあります。これには，ソフトウェアの管理番号，ライセンス管理番号，ソフトウェア分類，メーカー名，製品名，バージョン，CDキー，ユーザー登録年月日，最新インストール・アンインストール年月日，最新インストール・アンインストール担当者，アンインストール・フラグおよび備考等を記入します。

●──リース資産

かつて，有形固定資産は購入により使用するケースが大半でしたが，現代企業の多くは常に最新の設備が導入できること，事務負担が軽減できること等の観点から，購入に代わりリース取引で調達するケースがかなり増えています。

期首帳簿価額	期中増加	期中減少	減価償却費	期末帳簿価額	処分見込価額	摘要
250,000円			75,000円	175,000円	100,000円	
0円	200,000円		50,000円	150,000円	160,000円	
250,000円	200,000円		125,000円	325,000円		

リース取引とは，特定の物件の所有者たる貸し手が，当該物件の借り手に対し，合意された期間にわたりこれを使用収益する権利を与え，借り手は，合意された使用料（リース料）を貸し手に支払う取引をいいます。換言すれば，リース会社が設備を導入したい会社に代わってメーカー等から設備を購入し，それを企業等に賃貸するのがリース取引といえます。

リース取引は，ファイナンス・リース取引とオペレーティング・リース取引とに分類されます。さらに，ファイナンス・リース取引は，リース物件の所有権が借り手に移転すると認められる所有権移転ファイナンス・リース取引と，それ以外の所有権移転外ファイナンス・リース取引に分類することができます。

以前は，所有権移転外ファイナンス・リース取引については，売買処理が原則とされながらも，一定の注記を条件に賃貸借処理を容認していたため，賃貸借処理を採用する企業が大半でした。しかし，現在は，ファイナンス・リース取引が売買処理に一本化されたため，所有権移転外ファイナンス・リース取引について，原則として賃貸借処理を行うことができません。

ここでは，多くの会社が採用する，所有権移転外ファイナンス・リース取引を取り上げます。これは，資金借り入れを実行して資産を購入した場合と，ほとんど同じ経済的実態となる点に注目してください。

例題8-4 リース資産の取得，リース料の支払いと減価償却
① 販売部門で使用するＰＣ20台をリース取引によって取得した。リース資産を現金で取得した場合の価額は2,400,000円，リース料の支払総額は

3,000,000円，経済的耐用年数は8年，リース期間は5年，支払いは6ヵ月ごとの後払いであった。

　　（借）リ ー ス 資 産　2,400,000　　（貸）リ ー ス 債 務　2,400,000

② リース料の支払日を迎え，普通預金から300,000円が引き落とされた。

　　（借）リ ー ス 債 務　　240,000　　（貸）普 通 預 金　　300,000
　　　　　支 払 利 息　　 60,000

③ 決算日を迎え，リース資産の減価償却費480,000円を計上した。

　　（借）減 価 償 却 費　　480,000　　（貸）リース資産減価償却累計額　480,000

　上例におけるリース資産は，貸借対照表の有形固定資産の区分に，リース債務は固定負債の区分にそれぞれ記載され，支払利息と減価償却費は損益計算書に計上されます。リース債務を借入金とみれば，リース取引は資産売買契約ではなくリース契約であり，また，法的には所有権が移転していない資産でありながら，借り入れをして資産を購入した場合とほぼ同じ情報が，決算において開示されることになります。このような考え方を，「実質優先主義」といいます。

　なお，リース資産の明細を記録する補助簿として，リース資産台帳を用いることがあります。

3　金融投資活動

●──金融投資の対象

　インカム・ゲインやキャピタル・ゲインといった金融収益を得ることを目的として，金融資産に投資する行為を**金融投資**といいます。ここに**インカム・ゲイン**とは，投資対象から付随的に生じる収入であり，預金，債券，貸付金等の利息，あるいは株式の配当金が該当します。これに対して，**キャピタル・ゲイン**とは，投資対象そのものの価値が相場変動により増加することであり，株式等の評価益や売却益が該当します。逆に，投資対象そのものの価値が相場変動

により減少すれば，キャピタル・ロスが生じることもあります。

また，金融資産は，預金や貸付金のように譲渡不能なものと，債券や株式のように譲渡可能なものとに分かれます。金融資産を一覧表示すれば図表8-3のようになります。以下，金融資産として貸付金，株式，債券についてふれます。

図表8-3　金融資産とその運用成果

金融資産（元本）			運用成果（果実）		
項目	貸借対照表		性質	損益計算書	
	科目	区分		科目	区分
預金	現金及び預金 長期性預金	流動資産 固定資産	インカム・ゲイン	受取利息	営業外収益
貸付金	短期貸付金 長期貸付金	流動資産 固定資産			
有価証券（株式）	有価証券 投資有価証券	流動資産 固定資産	インカム・ゲイン	受取配当金	営業外収益
			キャピタル・ゲイン	有価証券売却益 投資有価証券売却益 有価証券評価益	営業外収益 特別利益 営業外収益
有価証券（債券）			インカム・ゲイン	有価証券利息	営業外収益
			キャピタル・ゲイン	有価証券売却益 投資有価証券売却益 有価証券評価益 投資有価証券評価益	営業外収益 特別利益 営業外収益 特別利益

●──貸付金

借用証書や約束手形によって，他人に金銭を貸し付けた場合に生じる債権を**貸付金**といいます。これは指定期日に現金等で回収する債権になるため，売掛金や受取手形と同様の金銭債権といえます。したがって，貸し倒れのリスクも伴うことから，決算では貸倒引当金を設定することになります。

貸付金の貸借対照表上の表示は，契約上の回収期限が決算日の翌日から1年以内か超かによって，短期貸付金（流動資産）と長期貸付金（固定資産）とに分かれます。また，貸付金を元本とするインカム・ゲインは受取利息です。

例題8-5 貸し付けと回収

① A商店に借用証書によって普通預金から400,000円を貸し付けた。

(借)貸　　付　　金　400,000　　(貸)普　通　預　金　400,000

② A商店から貸付金の返済を受け，利息16,000円とともに普通預金に入金した。

(借)普　通　預　金　416,000　　(貸)貸　　付　　金　400,000
　　　　　　　　　　　　　　　　　　　受　取　利　息　 16,000

なお，貸付金の明細を記録する補助簿として，貸付金台帳を用いることがあります。

図表8-4　貸付金台帳

属科目				借受人住所氏名			
資金の用途				据置期間			
貸付年度及び番号		年度第　号		最終償還期日			
貸付元金				支払方法　回		年　月　日	
貸付年月日						年　月　日	
利率				保証人住所氏名			

所　　在	種　類	数　量	発記年月日	異動事項

摘　要							
	払　　込　　予　　定　　表					払　込　期　日	
年度	元利払込期日	未償還元金	償還所要額			元　金	利　子	払込年月日
			元　金	利　子	計			
			円	円	円	円	円	円

● ──**有価証券**

会社では，余資が生じたとき，有価証券を所有することがあります。有価証

券は、株式と債券に大別されます。**株式**は、株式会社が資本を調達するために発行する証書であり、それを金融資産として所有する側では、有価証券という金融資産となります。株式の取得後、株価が高いときに売却すれば売却益というキャピタル・ゲインが得られ、また、権利確定日に株式を保有していれば配当金というインカム・ゲインが得られます。ただし、株式は、株価の上下が激しく、リスクが大きい金融資産の代表といえます。

これに対して、**債券**は、株式会社、国、地方自治体などが長期の資金を調達するために発行する証書であり、それを金融資産として所有する側では、株式と同じ有価証券という金融資産となります。株式会社が発行する債券を社債といい、国・地方自治体が発行する債券を国債・地方債といいます。債券は株式と異なり、満期になればその時点の所有者に額面で返済を実行するもの、所有する側では回収を行うものであるため、貸付金に類似する性質ももちます。

債券の取得後、市場等で取得金額より高い金額で売却すれば売却益というキャピタル・ゲインが得られます。また、債券の所有によって発行体から定期的に利息というインカム・ゲインが得られます。したがって、債券は、株式のように譲渡が可能でありながら、貸付金や預金のように安定した収入も得られる金融資産といえます。

例題8-6 有価証券の取得と利息の受け取り

① 額面3,000,000円の社債を満期保有目的で、発行と同時に額面単価100円につき98円で購入し、代金は普通預金から支払った。なお、当該社債の償還期限は10年、利率は年3％（年2回）である。

　　（借）満期保有目的債券 2,940,000　　（貸）普 通 預 金 2,940,000

② 上記で買い入れた社債について、半年分の利息を普通預金に入金した。

　　（借）普 通 預 金　45,000　　（貸）有 価 証 券 利 息　45,000

なお、有価証券の明細を記録する補助簿として、有価証券台帳を用いることがあります。

● 金融投資のリスクと換金性

　金融資産には，上記のとおりさまざまな種類があり，それぞれにリスクがあります。リスクの低いものから高いものに順に並べると，次のようになります。

　　　低リスク　預金　→　債券　→　貸付金　→　株式　高リスク

　リスクの種類には，金利の変動によって資産の価値が変動する「金利変動リスク」，相場の変動によって資産の価格が変動する「価格変動リスク」，証券を発行する会社や国・地方自治体の経営不振・財政難，借り入れを行う企業体などの債務弁済能力の低下によって債務不履行が起こる「信用リスク」等があります。

　また，換金性という視点で，それが高いものから低いものに順に並べると，次のようになります。

　　　高換金性　預金　→　債券　→　株式　→　貸付金　低換金性

　なお，債券や株式は上場されているか否かによって，換金性は大きく異なる点に留意してください。

第9章

資本政策と財務活動

```
本章の業務フローに関係する会計記録（仕訳）

1．資産を譲渡・売却・処分して資金調達する場合
　（借）普 通 預 金　×××　（貸）備　　　　品　×××
　　　　　　　　　　　　　　　　　固定資産売却益　×××
2．外部から資金調達する場合
　（借）普 通 預 金　×××　（貸）借　入　金　×××
```

　財務活動は，主に企業の経営活動において財務部門が行う資金管理のことを指します。資金管理は，資金の調達と運用に大別されますが，本章では，資金調達に焦点を当て説明していきます。資金調達方法の中で，増資は，資本政策の側面をもっています。本章では，資金調達の目的，その方法および資本政策の意義を明らかにします。

1　財務活動と資金管理

●──財務活動と資金管理

　本章は，会社の**財務活動**のうち，資金調達と，その方法の1つである資本政策について明らかにすることを目的としています。会社は，ヒト・モノ・カネ・情報という経営資源を組み合わせることで，経済的付加価値を生み出しています。特に，カネは，これら経営資源の媒介となっています。カネのことを通常「資金」とよび，この**資金管理**を行う活動が，財務活動であり，この活動の業務を行うのが財務部門です。

　財務部門が行う資金管理は，経営活動の流れの中で日常的に行われるものと，中長期的なものに分けることができます。前者は，商品の売上についての入金管理や，各種支払いの出金管理などがあげられます。後者は，従業員のボーナスの支払いのための短期的・時期的な資金不足に対するものから，会社の事業

計画にしたがった新工場建設など，大きな資金が動くものがあげられます。
　これら資金管理のうち，「どのように資金を集めるか」という側面に着目した資金調達が本章のテーマです。これは，直接的に現金の流入（キャッシュ・インフロー）を生む取引で，その結果として「資金繰り表」，「資金計画表」および「キャッシュ・フロー計算書」等に記録されます。それでは，なぜ会社は，資金調達を行わなければならないのでしょうか。まず，会社が資金調達を行わなければならない理由と，その方法について述べていきます。

●──事業計画と資金調達

　会社は，なぜ**資金調達**を行わなければならないのでしょうか。その答えは，すべて，**事業計画**にあります。事業計画は，会社の方向性を具体的に示したり，あるプロジェクトのプランを示すものです。その形式は多様ですが，その中には，収益と費用の見積りや予算編成など，必要な資金額が明記されています。この事業計画の意思決定は，会社の経営部門が行います。
　そこで，なぜ資金調達を行うかを，事業計画の意思決定を行う経営部門の視点から，2つのステップに分けて説明していきます。まず，経営部門では，資金調達を内部で行うのか，外部で行うか判断します。これが，資金調達への第1ステップです。
　事業計画によっては，多くの資金調達が必要な場合も多く，通常外部から資金調達を行うことが求められます。このとき，内部で資金調達できる予測を立てた上で，その不足分を外部から調達する流れになるでしょう。その上で，経営部門は，外部から資金調達を行う金融市場と資金調達の条件を吟味することになります。必要な資金が調達できないと判断された場合，その制約条件に基づき事業計画を修正することになります。
　外部から調達すべき資金と事業計画の修正が行われることで，資金調達の第2ステップへと進みます。それは，資金調達方法の設計です。会社の資金調達方法には，多種多様な方法が存在します。その方法の具体例は，詳細にあとで述べるとして，例として，金融機関からの借り入れ，社債の発行，株式の発行等があげられます。経営部門では，どのような基準でこれらの資金調達方法を選ぶのでしょうか。
　資金調達の方法によっては，調達コスト，リスクが伴います。これらのネガ

ティブな要因を抑え，効率的に資金調達を行うことが正解とは限りません。経営部門が資金調達方法を選択するさい，最も考慮するべきことは，事業計画のさらに上位に位置づけられる経営理念や事業戦略に沿うものであるかどうかです。すなわち，資金調達方法は，100社あれば100個の答えがあるということになります。

このように，経営部門の視点にしたがって，資金調達の流れを2つのステップに分けて説明しました。資金調達は，事業計画と表裏一体の関係にあり，さらにその意思決定は，会社の目標である経営理念や事業戦略をサポートするものです。それでは次に，具体的にどのように資金調達が行われるのか，その方法と流れについて詳しく述べていきます。

● ── 会計記録と資金調達方法

資金調達は，内部で行うのか，外部で行うかの判断と，さらに外部で行う場合，さまざまな方法があることを上で述べました。これらは簿記・会計ではどのように記録されるのでしょうか。

簿記・会計の視点から資金調達方法は以下の3つに分類することができます。これらをまとめたものが，図表9-1のとおりです。

まず，内部で資金調達を行うことは，貸借対照表の借方，資産に注目したものです。具体的には，商品の在庫を処分したり，不要な資産を売却・譲渡することで，資金の流入（キャッシュ・インフロー）をもたらすことができます。ま

図表9-1　資金調達方法の分類

〈会社内部からの資金調達〉	〈会社外部からの資金調達〉
資産 　商品・売掛金の圧縮 　資産の売却 　リース 　資産の流動化	負債 　借入金 　当座借越 　手形割引 　手形借入金(コマーシャル・ペーパー) 　社債の発行
	純資産 　資本金 　新株予約権

出典：栗山俊弘他［2010］『図解でわかる部門の仕事（改訂3版）経理部』日本能率協会マネジメントセンター，120頁を参考に作成。

た，資産を流動化し金融市場で売買させたり，リースを利用して金融効果をもたらす方法も存在します。

次に，外部で資金調達を行う場合，その結果は貸借対照表の貸方に記録されます。本来的に貸借対照表の貸方は，持分や他人資本とよばれ，会社の資金調達の記録を示しています。資金提供者が債権者である場合は，負債として分類されます。資金提供者が株主である場合は，純資産の部または株主資本として分類されます。

会社が，負債として資金調達を行う方法が最も代表的です。具体的に，借入金，当座借越，手形割引，手形借入金（コマーシャル・ペーパー）は，比較的短期に，かつ容易に資金調達できる方法です。それに対して，社債の発行は，長期的に，かつ手続きの煩雑さがありますが，金融市場から直接的に資金調達を行うため，多くの資金を集めることが可能です。

株主または投資家から資金調達を行う方法は，「増資」とよばれ，資本金を増やす会計処理のことを指します。これは，「**資本政策**」として事業戦略の１つとして位置づけられ，同時に多くの資金調達が可能な方法です。会社は，新たに株式を発行することで，追加的に自己資本を増やし，金融市場から資金調達をすることができます。

●──**資金調達の流れと業務フロー**

次に，経営部門が決定した事業計画と資金調達を，経理部門または財務部門の視点から具体的にどのような業務フローになるのかを示します。図表９-１

図表９-２　資産の流動化の業務フロー

事前準備		資産譲渡	
対象資産選定 → スキーム定義		資産譲渡 → SPE社債発行	
全資産データ確認	会計処理検討	証憑書類確認	格付依頼
対象資産抽出	SPE取扱検討	譲渡仕訳計上	提出書類整備
	SPE適格要件検討 → スキーム確定	計上確認	

出典：経済産業省［2004］「経理・財務サービス・スキル　スタンダード」を参考に作成。

第9章 資本政策と財務活動 ◆ 91

図表9-3 借入金の業務フロー

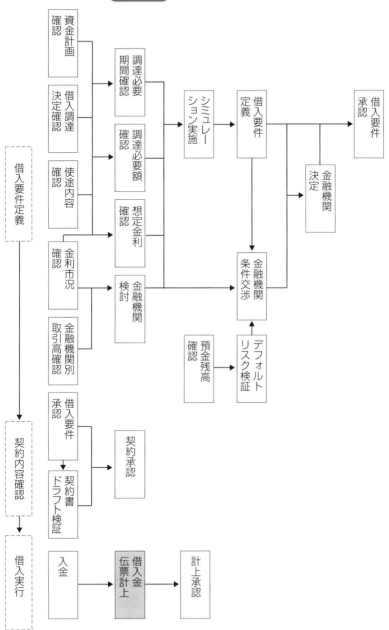

出典：経済産業省［2004］を参考に作成。

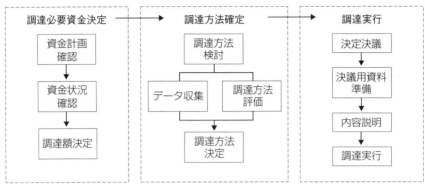

図表9-4 増資（資本金）の業務フロー

出典：経済産業省［2004］を参考に作成。

であげた資金調達方法のうち，資産の流動化，借入金および増資（資本金）の処理についてのみ業務フローを示します。これらを示したものが，図表9-2，図表9-3および図表9-4です。

　図表9-2，図表9-3および図表9-4のうち，グレーで示したボックスの部分で，財務部門または経理部門は，会計記録を行います。図表9-4中に仕訳が，登場しないのは会社の株主総会や取締役会など，会社上位の部門で決定された事項であるため，具体的な会計処理は，またあとのこととなるからです。

　次に，図表9-1で示した資金調達方法を，内部からの資金調達と外部からの資金調達に大別して，具体的に説明を加えます。

2　内部からの資金調達

● ――資産の譲渡・売却・処分

　本来的に，資産は，収益を生み出す活動の「運用形態」を示すものです。ここでは，資産側に注目し，会社の内部から資金調達する方法について述べていきます。これを大きく分けると，資産の譲渡・売却・処分と，資産の流動化に分類することができます。まず，**資産の譲渡・売却・処分**について説明します。

　資産を譲渡・売却・処分することは，簿記の知識にしたがえば，「資産のマイナス」の仕訳を行うことです。たとえば，会社が営業活動に使用しているパソコンを1台処分して資金調達を行う場合，次のような仕訳になります。

例題9-1　営業部門で使用している1台のパソコン（帳簿価額：70,000円，記帳方法：直接法）を中古品業者に売却し，現金72,000円を受け取り，普通預金に入金した。

（借）普　通　預　金　　　72,000　　（貸）備　　　　　品　　　70,000
　　　　　　　　　　　　　　　　　　　　　固定資産売却益　　　 2,000

　貸方は，手放したパソコンの記録として「備品」が計上され，「資産のマイナス」となります。借方は，その対価として「現金」の流入を生み，資金を調達できるという仕組みです。これは，たいていの資産ならば可能な資金調達方法であり，売掛金，商品，受取手形なども簿記の仕組みからみれば同様の会計処理を行うことで資金調達が可能となります。上述したとおり，資金調達は，事業計画にしたがって行うものですから，経理部門は，「得意先元帳（売掛金元帳）」，「受取手形記入帳」，または「固定資産台帳」等の残高と保有状況を確認する作業を行います。

　では，次に，事業計画にしたがい，上記のパソコン1台を処分する代わりに新しいパソコンを導入することとなったとします。ここで，間接的な資金調達方法として「リース」をあげることができます。リースとは，リース会社から備品等の固定資産を借りて，その使用料を支払う取引のことです。具体例を示

すと次のとおりです。

> **例題9-2** パソコン300,000円を，リースした。
>
> （借）リ ー ス 資 産　　300,000　　（貸）リ ー ス 債 務　　300,000

　本来，新たなパソコン300,000円を購入するためには，別途資金を調達しなければなりません。しかし，リース会社からリースをレンタルすれば，新たに資金調達することなく，備品を取得することができます。このように，リース取引には，間接的ですが，資金調達の必要を減らし，実質的には，資金調達可能額を増やす効果があります。

◉──**資産の流動化**

　次に，会社内部から資金調達する方法として，**資産の流動化**について述べていきます。ではまず，資産の流動化とはどのようなものでしょうか？　資産の流動化とは，資産の証券化ともよばれ，会社や金融機関が，特定の資産の保有を目的とするSPE（Special Purpose Entity：SPE，特別目的事業体）を設立し，そこに保有する資産を移転し，その移転した資産が将来生み出すキャッシュ・フローを原資として支払いを行う金融商品を発行し，売却する方法です。

　たとえば，株式会社東京商事が保有している従業員用のマンションがあったとします。これをSPEに売却します。SPEはここで，マンションを証券化し，金融商品として，金融市場で売却します。SPEは，マンションから得られる賃貸料を投資家に配当金として支払います。これを示したのが図表9-5です。

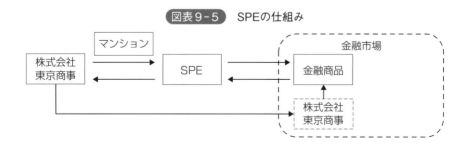

図表9-5　SPEの仕組み

このとき，株式会社東京商事は，金融市場に参加して，1人の投資家として，SPEが発行した金融商品を購入することも可能です。このときの会計処理を示すと次のとおりです。

例題9-3 株式会社東京商事は，従業員用マンション（帳簿価額：4,000,000円，記帳方法：直接法）をSPEに4,200,000円で売却し，普通預金に入金した。

(借) 普 通 預 金 4,200,000　　(貸) 建　　　　　物 4,000,000
　　　　　　　　　　　　　　　　　　　　固定資産売却益　 200,000

この仕訳は，図表9-5の実際にSPEにマンションを譲渡・売却した時点で，会計処理されることになります。結局のところ，この仕訳は，資産の譲渡・売却・処分をすることで資金を調達する上述した方法と変わらないことがわかります。このように，簿記・会計の視点からみれば，会社の内部からの資金調達は，資産をマイナスすることで，その対価として現金を流入（キャッシュ・インフロー）させるのです。

3　外部からの資金調達

●──負債による資金調達

次に，外部からの資金調達の方法について述べていきます。上述したように，外部からの資金調達をした結果は，会計記録として，負債と，純資産または自己資本として貸借対照表に計上されます。外部からの資金調達は，もちろん返済することが義務づけられます。したがって，返済することを同時に考慮しなければなりません。返済期間の長さという観点も，外部からの資金調達には必要です。いつまでに資金が必要か，という資金借り入れまでの期間も懸案事項の1つです。この調達可能な資金の大きさ，返済期間の長さ，そして借入手続きの容易さという観点から，外部からの資金調達の方法を整理したものが，図表9-6です。

本章の冒頭で記述した，事業計画の内容等によって，図表9-6のどの方法を採るか，経営部門は判断することになります。ここでは，負債による資金調

達の手段を具体例で紹介していきます。

図表9-6 外部からの資金調達方法

	資金調達形態	返済期間	調達可能額	手続きの容易さ
負債	当座借越	短い (短期金融)	少ない (借入金融) (間接金融)	容易 (公開会社) (非公開会社)
	買掛金			
	支払手形			
	手形割引			
	手形借入金 (コマーシャルペーパー)			
	短期借入金			
	長期借入金	長い (長期金融)	多い (証券金融) (直接金融)	難しい (公開会社)
	社債の発行			
純資産	増資（資本金）			
	新株予約権の発行			

出典：藤井則彦［2010］『財務管理と会計―基礎と応用（第4版）』中央経済社，129頁を参考に作成。

　株式会社東京商事は，事業計画にしたがい，1,000,000円の資金調達を行うことになりました。金融機関等から，借り入れる場合，社内では，業務フローの図表9-3で示したとおり，どこから借りるか（金融機関），残高の確認（借入金帳簿），借入期間と利息および借り入れのリスク等を検討します。そのうえで，金融機関に打診することになります。そのさい，金融機関の所定の審査を受けなければなりません。

　審査等をこなし，やっと借り入れが可能となりますが，そのさい，担保の有無，借入期間および利息額によっても，借り入れできる金額は異なってきます。条件に合わない場合は，借入先の金融機関を変えることも可能です。そして，入金されたさいに会計処理を行います。

例題9-4　株式会社東京商事は，多摩銀行から1,000,000円を借り入れ，普通預金に入金した。

　　（借）普　通　預　金　1,000,000　　（貸）借　　入　　金　1,000,000

簿記・会計の観点からすると，他の負債の資金調達も同じ仕組みで，会計処理がなされます。ただし，社債はこれらの負債による資金調達とは，少々異なります。社債は，資金を提供する相手が，金融市場における投資家となるからです。その分，借入金等の資金調達よりも，多くの資金を調達することが可能です。

　社債同様，金融市場の投資家から広く資金調達を行える方法として，増資による資金調達があります。社債を購入して資金提供をした投資家は，債権者となりますが，株式を購入して資金提供をした投資家は株主になります。

●──資本政策と増資

　最後に，資本政策と**増資**について述べます。会社が発行する株式は，会社設立時に会社の定款によってその発行数を定めます。これを，発行可能株式総数とよびます。会社は，この発行可能株式総数の範囲内で，株式を発行し資金調達を行うことができるのです。

　株式の発行に関する制約は，すべて「会社法」によって定められています。会社法では，株式会社は，株式市場に上場している公開会社と上場していない非公開会社に分けられます。公開会社である場合，株式譲渡制限の有無や取締役会の有無によって，株式の発行の意思決定機関は異なってきます。この点，これまで触れてきた資金調達方法とは異質なものです。

　本章の冒頭で説明したとおり，資金調達とは事業計画と密接な関係をもっているものでした。増資も資金調達方法の1つですが，増資は，事業計画よりもさらに上位の会社の事業戦略に直結していることが特徴です。すなわち，株主または投資家と経営部門の観点から行われる「資本政策」として位置づけられるものです。資本政策の主な施策をあげると図表9-7のとおりです。

　これら資本政策の意義は，どこにあるのでしょうか。一言でいうならば，すべて「株主価値の向上」です。株主価値を向上させることがとりもなおさず，事業戦略の目的に繋がります。資本政策は，株主の利益のための施策です。

図表9-7　資本政策の主な施策と内容

主な施策	内　容
増　資	①株主割当増資，②第三者割当増資および③公募増資があります。資金調達，株式の市場流動性の強化を目的としています。これに対して，減資も存在します。
自己株式の取得	株式市場に出回っている株式を回収することで，配当金の支払いの減少，株主への配当の還元率の上昇，株価下落の抑制，M&Aの阻止等の効果があります。
株式分割	株式を分割することで，株価の乱高下の防止，株式の市場流動性の強化等の効果があげられます。
株式併合	1株当たり利益の上昇など，指標データの上昇の効果をもたらします。
ストック・オプション	経営部門および従業員に対して，現金の流出がなく，株価上昇によって，インセンティブを与えることができます。

第10章

資金計画と資金繰り表

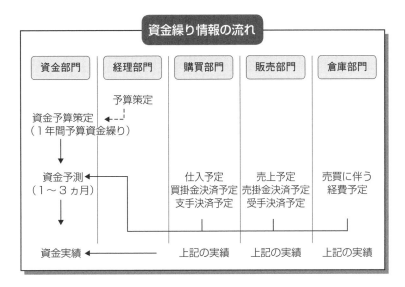

　企業経営を円滑に進めていくためには，将来の現金の収入と支出を予測して収支のバランスを図ることが重要となります。将来の現金の収入と支出を予測し，資金が不足しないようコントロールするために作成されるのが資金繰り表（資金繰り計画表）です。本章では資金繰り表について学習します。

1　資金繰りの重要性

　「勘定あって，銭足らず」という言葉を知っていますか。売上もあり，損益計算書上では利益が出ているのに経営資金が足らず，資金の工面に苦労する。借入金への依存が高まると，利息の支払いや返済が厳しくなってくるということが起こります。こうした事態が生じるのはなぜでしょうか。それは，発生主義会計による損益計算書と現金収支が一致しないことを原因とします。

　損益計算書では，実際に入金があった時点ではなく，財貨またはサービスを

販売・消費した時点で売り上げや仕入れが計上されます。会社が実際に商品を売り上げたとしても，代金をその場で受け取るとは限らず，1ヵ月後にならないと現金預金として受け取ることができない場合があります。

それは，売掛金や買掛金，手形などの信用取引があるからです。商品を売り上げてから実際に現金預金を受け取るまでの間に，仕入代金の支払いや借入金の返済が必要になったとしたら，資金不足に陥る可能性があります。しかし，約束どおりの支払い・返済を続けることは会社の信頼維持のためにも重要なことです。

企業経営を円滑に進めていくためには，将来の現金の収入と支出を予測して収支のバランスを図ることが重要となります。これを**資金繰り**といい，将来の現金の収入と支出を予測し，資金が不足しないようコントロールするために作成されるのが**資金繰り表**（資金繰り計画表）です。資金繰り表の作成は，法律等で定められたものではありませんが，企業経営にとってはとても重要なものです。

資金繰り表と帳簿の関係を示したのが図表10-1です。資金繰り表を作成するためには多くの部門から，さまざまな情報を集める必要があります。

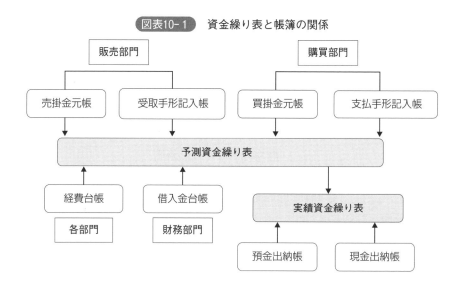

図表10-1　資金繰り表と帳簿の関係

● ——設例

詳しい資金繰り表の作成方法は3節で説明しますが，簡単な設例を使って**資金ショート**（手許の現金が少なくなり，運転資金が不足してしまうこと）が起こる仕組みを確認しましょう。

図表10-2 月次資金繰り表

（単位：千円）

項　目	8月	9月	10月
月初残高（前月末残高（A））	500	380	-470
売掛金回収（売上金回収額）	1,000	600	1,500
原価支払（買掛金支払）	-600	-900	-400
人件費支払（給与など支払）	-300	-300	-300
経費支払（その他経費）	-200	-200	-200
営業収支（以上を差引（B））	-100	-800	600
資金調達（借入調達）	0	0	0
借入返済（毎月の返済）	-20	-50	-50
財務収支（以上を差引（C））	-20	-50	-50
収支合計（D）=（B）+（C）	-120	-850	550
月末残高（E）=（A）+（D）	380	-470	80

今月は8月だとしましょう。この資金繰りでは8月は月末に380千円の残高がありますが，9月には資金が470千円足りなくなります。そこで銀行から借り入れ等によって資金調達をするといった手を打たなければなりませんが，実際にはいつ，どのくらい資金が足りなくなるのかを検証しなければなりません。

そこで，経理担当者と一緒に過去3ヵ月くらいの現金出納帳・預金出納帳等を見たり，各部門にヒアリングをして，翌月分資金の出入りを予測し9月分の日次資金繰り予定表を作成します。

月次資金繰り表と比べると，月末残高はマイナス470千円で一致していますが，9月27日の人件費支払いの段階でマイナス700千円の資金ショートになってしまいます。つまり，月次資金繰り表で予測される月末の不足額470千円を資金調達したとしても足りません。資金調達必要額は700千円だったのです。

図表10-3　9月分日次資金繰り予定表

(単位：千円)

月　日	摘　　要	入金	出金	残高
9月1日	前月よりの繰越残高			380
9月1日	小口現金引き出し		30	350
9月5日	リース料支払い		20	330
9月10日	買掛金支払い		250	80
9月10日	源泉税，住民税支払い		20	60
9月15日	その他経費支払い		50	10
9月20日	借入金返済		50	－40
9月20日	リース料など経費		80	－120
9月20日	買掛金支払い		400	－520
9月25日	売上回収	300		－220
9月25日	買掛金支払い		200	－420
9月27日	人件費支払い		280	－700
9月30日	売上回収	300		－400
9月30日	買掛金支払い		50	－450
9月30日	経費支払い		20	－470
9月30日	翌月繰越残高			－470

　また，9月20日から資金ショートが起き始めていますので20日までに資金調達が必要だということがわかります。

　このように，将来の現金の収入と支出を予測し，資金が不足しないようコントロールするために将来の予測から作成されるのが，資金繰り表（資金繰り計画表）です。また，これはキャッシュ・ポジション（手許流動性ともいい，現預金と短期所有の有価証券の合計）をどのくらいもっておくかの目安となります。

2　資金繰り表の種類

　資金繰り表には決まったフォーマットはありませんし，毎日・週・月・3ヵ月・半年・1年と作成する期間にもいろいろあります。会社の規模や資金の状況を考慮して作成されます。資金繰りの目的からは，1年間の**長期資金繰り予定表**，**3ヵ月実績・予想資金繰り表**，1ヵ月間の**短期資金繰り表**を作成することが望ましいといえます。

●——1年間の長期資金繰り予定表

1年間の利益計画をもとに作成される長期資金繰り予定表は，会社が立てた利益計画で年間の資金が廻るかどうかを判断するために作成されます。これをもとに，取引金融機関に年間融資予定を依頼したり，返済計画を報告したりするものとして利用されます。一般的には図表10-4のような長期資金繰り予定

図表 10-4 1年間の長期資金繰り予定表

(自 ○年 1月 1日 至 ○年 12月 31日)

(単位：円)

		○年1月予測	○年2月予測	○年3月予測	○年4月予測	○年11月予測	○年12月予測	合計
売 上 高		3,179,861	3,526,996	353,192	2,637,638	2,723,748	3,874,213	16,295,648
仕 入・外 注 費		142,000	142,000	142,000	142,000	142,000	142,000	852,000
前月繰越現金・当座預金(A)		4,912,228	812,706	356,270	1,053,421	1,145,896	202,601	
収入	売上代金 現金売上	0	0	0	0	0	0	0
	売掛金現金回収	2,976,942	2,573,748	3,338,854	3,703,300	2,376,065	3,468,017	18,436,926
	手形期日落	0	0	0	0	0	0	0
	手形割引	0	0	0	0	0	0	0
	その他収入	0	0	0	0	0	0	0
	計(B)	2,976,942	2,573,748	3,338,854	3,703,300	2,376,065	3,468,017	18,436,926
支出	仕入代金 現金仕入	0	0	0	0	0	0	0
	買掛金現金支払	142,000	149,000	149,000	149,000	149,000	149,000	887,000
	手形決済	0	0	0	0	0	0	0
	経費 賃金給与	1,661,000	1,661,000	1,661,000	1,661,000	1,661,000	1,661,000	9,966,000
	支払利息	4,736	4,565	4,397	4,229	3,051	2,883	23,861
	上記以外の経費	238,000	284,413	352,536	234,411	241,913	575,350	1,926,623
	仕入代金，経費以外の支出	0	0	0	0	0	0	0
	計(C)	2,045,736	2,098,978	2,166,933	2,048,640	2,054,964	2,388,233	12,803,484
差引営業収支(D=B-C)		931,206	474,770	1,171,921	1,654,660	321,101	1,079,784	5,633,442
営業外収支	収入 固定資産等売却収入	0	0	0	0	0	0	0
	計(E)	0	0	0	0	0	0	0
	支出 固定資産等購入	0	0	0	0	0	0	0
	役員賞与・配当	2,100,000	850,000	850,000	850,000	850,000	850,000	6,350,000
	計(F)	2,100,000	850,000	850,000	850,000	850,000	850,000	6,350,000
計(G=E-F)		-2,100,000	-850,000	-850,000	-850,000	-850,000	-850,000	-6,350,000
財務収支	借入金 短期借入金	0	0	0	0	0	0	0
	長期借入金	0	0	0	0	0	0	0
	計(H)	0	0	0	0	0	0	0
	借入金返済 短期借入金	0	0	0	0	0	0	0
	長期借入金	118,500	118,500	118,500	118,500	118,500	118,500	711,000
	計(I)	118,500	118,500	118,500	118,500	118,500	118,500	711,000
計(J=H-I)		-118,500	-118,500	-118,500	-118,500	-118,500	-118,500	-711,000
翌月繰越現金・当座預金(A+D+G+J)		812,706	356,270	1,053,421	1,536,160	202,601	961,284	

表が作成されます。

長期資金繰り予定表を作成するさいに重要となってくるのが，**資金予算**です。資金予算とは，会社の資金の収支予算のことです。現金収支，資金調達計画に基づく銀行借り入れや社債発行などに関係する予算です。どんな予算も最終的には，資金の収支が伴うので，それらをまとめて，資金調達計画を作成し，予算設定をします。

資金予算はさらに，**現金収支予算**と**信用予算**に分けられます。将来の一定期間における現金の収入と支出の時間的な流れを計画し，その間に生じる過不足を調整し，流動性の維持とともに，資金の効率化をはかる資金計画を現金収支計画といい，キャッシュ・フロー計画ともいいます。そのために作成される予算を現金収支予算といい，現金の収支の時間的流れを計画し，コントロールすることは，財務管理のなかで中心的な重要性を占めています。

また，信用予算とは現金収支予算にも影響しますが，売掛金，買掛金，未払金など信用取引に関する予算です。売上予算と連動して売掛金回収，生産予算・購買予算と連動した買掛金支払いなど，現金収支予算とは区分した予算設定が必要になります。

●──3ヵ月実績・予測資金繰り表

3ヵ月実績・予測資金繰り表は，過去3ヵ月の資金状況を説明し，今後3ヵ月以内の資金の不足を算出し，必要な資金を金融機関に借り入れを申し込むために作成するものです。また，経営者はこれをみて，現状の資金状況と今後3ヵ月間の予測資金状況を把握し，利益計画・設備投資計画・支払計画・回収計画等の意思決定の参考にします。一般的には図表10-5のような実績・予測資金繰り表が作成されます。ここでは5月から7月までが実績，8月から10月までが予測になっています。

●──1ヵ月の短期資金繰り表

1ヵ月短期資金繰り表は，実際の入出金の動きを予測し，定期預金等の保全や引き出しに活用したり，月末などの資金流出が多い日の入金・出金管理に役立てます。まずは入出金の予定で作成し，項目や金額が確定したものを日々アップデートしていきます。予定と確定済みのものを色分けなどして管理する

図表10-5　3ヵ月実績・予測資金繰り表

(単位：円)

			○年5月 実績	○年6月 実績	○年7月 実績	○年8月 予測	○年9月 予測	○年10月 予測
売　　上　　高			4,922,285	3,064,409	1,516,773	3,444,000	3,040,000	3,870,000
仕　入・外　注　費			829,037	789,396	379,664	574,000	880,000	925,000
前月繰越現金・当座預金(A)			6,136,095	5,234,844	3,376,106	5,962,966	5,874,469	4,928,641
収入	売上代金	現 金 売 上	25,260	15,400	30,000	240,000	210,000	210,000
		売掛金現金回収	3,519,084	3,756,658	5,167,943	2,829,000	3,436,000	3,288,000
		手 形 期 日 落	0	0	0	0	0	0
		手 形 割 引	0	0	0	0	0	0
	そ の 他 収 入		0	0	0	0	0	0
	計(B)		3,544,344	3,772,058	5,197,943	3,069,000	3,646,000	3,498,000
支出	仕入代金	現 金 仕 入	39,799	96,610	62,268	87,000	487,000	482,000
		買掛金現金支払	676,374	488,931	736,024	691,000	335,000	408,000
		手 形 決 済	0	0	0	0	0	0
	経費	賃 金 給 与	1,985,576	2,579,305	1,814,714	1,739,000	1,576,000	1,575,000
		支 払 利 息	16,096	14,986	15,242	210,697	13,228	13,203
		上記以外の経費	1,097,206	910,765	398,537	967,300	920,000	1,220,000
	仕入代金、経費以外の支出		0	16,874	8,685	14,500	9,600	13,400
	計(C)		3,815,051	4,107,471	3,035,470	3,709,497	3,340,828	3,711,603
差引営業収支(D=B-C)			-270,707	-335,413	2,162,473	-640,497	305,172	-213,603
営業外収支	収入	固定資産等売却収入	0	601,379	2,969,161	2,598,000	3,866,000	1,933,000
		計(E)	0	601,379	2,969,161	2,598,000	3,866,000	1,933,000
	支出	固定資産等購入	26,710	510,650	1,250,000	0	2,240,000	222,000
		役員賞与・配当	438,286	1,443,644	786,806	1,338,000	2,468,000	1,014,000
		計(F)	464,996	1,954,294	2,036,806	1,338,000	4,708,000	1,236,000
計(G=E-F)			-464,996	-1,352,915	932,355	1,260,000	-842,000	697,000
財務収支	借入金	短 期 借 入 金	0	0	0	0	0	0
		長 期 借 入 金	315,000	1,065,000	315,000	315,000	525,000	525,000
		計(H)	315,000	1,065,000	315,000	315,000	525,000	525,000
	借入金返済	短 期 借 入 金	0	0	0	0	0	0
		長 期 借 入 金	480,548	1,235,410	822,968	1,023,000	934,000	933,000
		計(I)	480,548	1,235,410	822,968	1,023,000	934,000	933,000
計(J=H-I)			-165,548	-170,410	-507,968	-708,000	-409,000	-408,000
翌月繰越現金・当座預金(A+D+G+J)			5,234,844	3,376,106	5,962,966	5,874,469	4,928,641	5,004,038

場合もあります。

　一般的には図表10-6のような短期資金繰り表が作成されます。

図表10-6　1ヵ月短期資金繰り表

(単位：円)

月　日	摘　　要	入　金	出　金	残　高
				537,640
8月1日	借入金返済		315,000	222,640
8月1日	○○商事より	896,520		1,119,160
8月2日	為替手数料支払		2,730	1,116,430
8月5日	水道光熱費支払		16,890	1,099,540
8月10日	源泉税納付		108,500	991,040
8月15日	リース料支払		58,000	933,040
8月18日	△△社より	160,000		1,093,040
8月20日	売掛金回収	1,878,600		2,971,640
8月20日	売掛金回収	963,410		3,935,050
8月25日	給与支払		2,100,000	1,835,050
8月26日	為替手数料支払		2,860	1,832,190
8月31日	家賃支払		256,500	1,575,690
8月31日	手数料支払		4,820	1,570,870
8月31日	消費税及び地方消費税納付		356,460	1,214,410
	8月合計・残高	3,898,530	3,221,760	1,214,410

3　資金繰り表の作成方法

　資金繰り表は，売上予測（毎月の売上がいくらか），売上代金の回収条件（売上がいつ現金として入金されるか），仕入代金の支払条件（仕入代金をいつ支払うか），借入金の返済条件（借入金の返済予定はどうなっているか）といった前提条件に基づいて作成します。

　図表10-7の一般的な資金繰り表のフォーマットの左端に示した番号に沿って項目ごとに説明します。

① **前月繰越額**

　資金繰り表の作成において最初に記入するのがこの前月繰越額です。この前月繰越額に当月の入金予定額を足して，当月の支出予定額を引いたのが翌月繰

図表10-7　資金繰り表

（自　　年　　月　　日　至　　年　　月　　日）

（単位：円）

			期首	年　月	年　月	年　月	年　月	合計
	売　　上　　高							
	仕入・外注費							
①	前月繰越現金・当座預金（A）							
②	収入	売上代金	現　金　売　上						
			売掛金現金回収						
③			手　形　期　日　落						
			手　形　割　引						
④		その　他　収　入						
		計（B）						
⑤	支出	仕入代金	現　金　仕　入						
			買掛金現金支払						
⑥			手　形　決　済						
⑦		経費	賃　金　給　与						
⑧			支　払　利　息						
			上記以外の経費						
⑨		仕入代金、経費以外の支出						
		計（C）						
	差引営業収支（D＝B－C）							
⑩	営業外収支	収入	固定資産等売却収入						
			計（E）						
		支出	固定資産等購入						
			役員賞与・配当						
			計（F）						
	計（G＝E－F）							
⑪	財務収支	借入金	短　期　借　入　金						
			長　期　借　入　金						
			計（H）						
		借入金返済	短　期　借　入　金						
			長　期　借　入　金						
			計（I）						
	計（J＝H－I）							
	翌月繰越現金・当座預金（A＋D＋G＋J）							

越額となります。資金繰り表で繰越残高とみなせるものは，いつでも支払いにあてることができる現金，預金などをいいます。定期預金も資金ではありますが，満期前であれば解約手続きをしないとすぐには換金できないため，資金繰り表の繰越残高には入れません。記入した前月繰越額が実際の残高よりも大きい場合には，資金繰りの予定が大きく狂ってしまうので，前月繰越額は現金，小切手，預金などを現物確認して決定します。

② 現金売上，売掛金現金回収

　信用取引が行われていれば，通常売上が計上されてから，その売上が現金として入金されるまでに時間がかかります。自社の売上が計上されてから現金になるまでの期間に基づいて，売上が現金として入金される月を計算して記入します。

③ 受取手形期日入金，手形割引

　受取手形は，期日まで保有して期日が来た時点で現金にする場合（満期取立）と，仕入や経費の支払いに裏書譲渡する場合（裏書譲渡），決済日が来る前に銀行で割り引く場合（手形割引）があります。満期取立と手形割引の場合には，いずれも入金があるので記入されますが，裏書譲渡された受取手形については資金の増加はありませんので資金繰り表には記入しません。

④ その他の収入

　助成金や補助金を受け取った場合など，本業以外で得た雑収入も，入金があるので資金繰り表に記入されます。そのほか，従業員貸付金の返済があった場合や，仮払金の精算で現金が返ってくる場合なども会社にお金が入ってきます。資金繰りに影響を与える程度の額であれば，これらも記入する必要があります。

⑤ 現金仕入，買掛金現金支払い

　月々の仕入金額がいくらになるかは，まず予想の売上高を上げるためには月々の仕入がいくらになるのかを計算する必要があります。これは，予想売上高に売上原価率を掛ければ計算できます。しかし，仕入代金の支払いは，購入時に現金で支払う場合にはそのまま資金繰り表に記入することができますが，

支払方法は現金だけではありませんし，支払時期も異なる場合があります。そこで，月末締め翌月末払いや，月末締め翌々月末払いといった会社の支払条件にあてはめて，その月の支払額がいくらになるかを計算します。

⑥　支払手形決済

　現金の代わりに支払手形で代金の支払いを行うことで，一定期間，支払いを延ばすことができます。その期間は，1ヵ月といった短いものから半年に及ぶものまであります。会社の支払いパターンに基づいて計算します。取引相手ごとに手形の**支払サイト**（取引代金の締め日から支払日までの猶予期間のこと）が異なる場合には，取引相手ごとに仕入金額から手形振出金額および決済金額を予測し，決済金額の合計を記入する必要があります。

⑦　賃金・給与，その他経費

　賃金，給与は，毎月ほぼ一定額を払うことが多いため，支払予想額の算定はしやすいといえます。昇給や賞与，新規採用の予定がある場合にはその分も加味する必要があります。その他経費には，家賃，水道光熱費，交通費などさまざまな項目がありますが，仕入代金の支払いと違って，ほぼ毎月同じ金額であり，支払期間も短いものが多いのが特徴です。

⑧　支払利息

　銀行からの借入金が1件だけであれば，銀行から発行される借入金返済予定表をみればすぐに支払利息の金額がわかります。しかし，複数の借入金がある場合は利払い日や利息の金額を管理しておく必要があります。

⑨　仕入代金，経費以外の支出

　たとえば消費税，法人税等の支払いが該当します。法人税や消費税，固定資産税等は，大きな支払いになりがちなものです。税金の種類によって，支払う月と金額がわかりますので，あらかじめどの税金をいつ，いくら支払う必要があるのかを資金繰り表に記入しておきます。

⑩ **営業外収支**

　固定資産の売却収入や購入支出，役員賞与や配当金などは，経常的には発生しない支払いなので予測しにくい場合もありますが，事業計画書等をもとに記入します。

⑪ **財務収支**

　財務収支の部分には，資金調達と返済の項目が並んでいます。借入金返済計画表や，借入計画等にしたがって記入します。

第11章

出納業務と現預金

本章の業務フローに関係する主な会計記録(仕訳)

1. 普通預金からの支払い時
   (借)買　掛　金　×××　(貸)普 通 預 金　×××
   (借)未　払　金　×××　(貸)普 通 預 金　×××
   (借)支 払 手 数 料　×××　(貸)普 通 預 金　×××
2. 現金の引き出し時
   (借)現　　　金　×××　(貸)普 通 預 金　×××

会社は事業活動における取引の決済手段として現金や預金を通じた決済を日々行っています。決済手段となる預金の種類や，現金や預金の実際の管理，現金や預金の取引がどのように記帳されるかについて，本章では学習します。

図表11-1　支払い時における資金部門と経理部門のやり取り

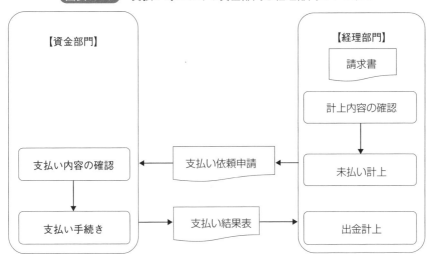

1　会社の決済手段

　貨幣経済の中で生きる私たちは，日々の生活の中でたとえば自身の労働力の対価を給料としてお金を得たり，反対にモノを買ってお金を払ったりします。
　会社も私たちと同様，収入と支出が日々行われています。会社では営業活動によってモノやサービスを提供する対価としてお金を得たり（売上），反対に事業活動を行うためにモノやサービスを購入してお金を支払ったりしています。こうした「お金」と「モノ」や「サービス」との交換には取引を行う当事者間で「お金」・「モノ」・「サービス」を受け取る権利と，反対に「お金」・「モノ」・「サービス」を引き渡す義務が生じます。そしてこの取引の中で，お金を受け取る権利である「債権」と支払う義務である「債務」を，実際にお金を受け取ったり支払ったりすることで解消することを「**決済**」とよび，その解消する手段として「現金」や「預金」が使用されます。
　現金は最も基礎となる決済手段ですが，現金で取引を行おうとすると現金そのものを現物の紙幣や硬貨を管理する手間や，また移動や管理の過程で盗難や紛失の危険が生じるため，現金決済は必要最低限に留めるのが一般的です。そこで多くの会社では，特に会社間の取引において債権・債務の決済を現金持参による方法に代えて，当事者間の預金を通じて送金することによって（振込），決済を行っています。こうした決済を「**為替**」とよびます。

2　現金の出納と管理

　現金は最も基礎となる決済手段ですが，上述したとおり管理に対する手間や紛失などの危険性があるため，会社内には必要最低限の現金しかおかないのが一般的です。
　特に会社間の取引においては通常預金による決済が行われるため，現金は一般消費者を顧客とする店舗でのお釣りや，本社や事業所などの小口現金などの用途で用いられます。

●──小口現金

　小口現金とはその名のとおり，少額の事業決済や消耗品などの購入に充てられる現金です。資金部門以外の各部門で小口現金を使用する場合，使用のつど必要額を仮払いするのが通常ですが，現金を経常的に使用する部門が使用のつど資金部門から仮払いするのは手間がかかります。そこでその部門において例えば1ヵ月間などの一定期間の小口使用の必要額を見積って社内決裁し，あらかじめ前渡しする制度を「**定額資金前渡制（インプレスト・システム）**」といいます。

　定額資金前渡制が用いられる場合，各部門の小口現金担当者は見積もられた必要額の現金や小切手を資金部門から預かり，現金の入金や出金のつどに小口現金出納帳へ記入して請求書やレシートなどの証憑を保管します。そして，社内で決められた一定期間末に小口現金出納帳と諸証憑を経理部門へ提出し，入出金内容のチェックを受けた上で資金部門から不足額を補充してもらいます。

図表11-2　小口現金出納帳の記入

小口現金出納帳　　　　　　　　　　　　×頁

日付		摘要	収入	支出	残高
7	1	前月繰越	18,000		18,000
	1	資金部門より現金補充	32,000		50,000
	7	事務用品（ボールペン，付箋）購入		1,620	48,380
	21	収入印紙購入		20,000	28,380
	23	A商事より電子部品販売代金受領	12,960		41,340
	31	次月繰越		41,340	
			62,960	62,960	

　現金は紛失や盗難などのリスクが高いため，最低限一定期間末に，理想的には使用のつどあるいは毎日現金の手持残高が現金出納帳の金額と合っているか照合しなければなりません。もし手持残高と出納帳残高が合わない場合は，現金過不足勘定でいったん処理し，その原因を究明しなければなりません。

図表11-3　手持現金残高表

××年7月31日現在

金　種	数　量	残　高
10,000	3	30,000
5,000	1	5,000
1,000	5	5,000
500	1	500
100	7	700
50	2	100
10	4	40
5	0	0
1	0	0
		41,340

● ──電子マネーの管理

　近年，技術の進化によりＩＣカードや携帯電話などの電子機器を通じて商品購入や交通機関の運賃の決済ができる方法，すなわち**電子マネー**が普及しています。電子マネーには，電子機器を通じて現金などを前払いして記録させて決済する方式（プリペイド型）と，一定期間の決済額を電子機器に記録させて後日一括して後払いする方式（ポストペイ型）があります。

　特にプリペイド型の電子マネーは商品券などと同じく資金決済法によって規制されており，お釣りや未使用額を現金で払い戻すことは原則的に認められていません。このため，電子マネーを預金勘定で管理・処理するのは適当ではないといえます。そこで，商品券や収入印紙，郵便切手などのように貯蔵品勘定に計上することや，会社内で少額品の決済に電子マネーを頻繁に使っているような場合には，現金勘定で処理することも考えられます。ただし，現金勘定で処理する場合は補助勘定を設けて通貨とは分けて管理する必要があります。

3　預金の種類と口座の開設

　それでは，実際に会社が利用する預金にはどのような種類のものがあるのでしょうか。その種類と特徴をみていきたいと思います。

● ――普通預金

　普通預金は，会社が必要に応じて自由に預金の出し入れができる預金です（要求払い）。普通預金は金利が付き，また通帳が発行されるのが一般的です。

　わが国では預金保険法の改正により，2005年以後金融機関が破綻した場合に預金保険機構によって保護される内容を整理しました（ペイオフ）。この預金保険法によって「利息が付かない（無利息）」，「いつでも払い戻しができる（要求払い）」，「振り込みなどの決済サービスが利用できる」という「決済用預金の3要件」を満たす預金は預金保険法上**「決済用預金」**と位置づけられ，金融機関が破綻しても預金保険機構によって元本の全額が保護されることになっています。

　普通預金は通常金利が付くためこの要件は満たされません。これにより普通預金は金融機関が破綻した場合には当座預金のような決済性預金を除いて1金融機関1預金者当たり元本1,000万円とその利息までしか保護されません。つまり，同じ金融機関に普通預金のような決済性預金以外の口座を何口座か保有していた場合，それらはまとめて元本1,000万円＋利息までしか保護されないことになります（名寄せ）。

　そこで，会社の事業決済に使用される普通預金は銀行と契約を結ぶことにより「決済用普通預金」という預金にすることができます。決済性普通預金にすると金融機関の破綻時に全額が保護される代わりに利息が付かなくなります。

　普通預金には後述する定期預金を預け入れることによって，定期預金を担保にして残高が不足した場合に自動的に貸し付けをしてくれる「総合口座」という預金がありますが，この預金は個人向けのものであり，法人は開設することができません。

　普通預金は預け入れた金融機関に届け出ることによりキャッシュカードを発行することができ，暗証番号等の方法によって引き出しを窓口ではなく現金自動預払機（ATM）での現金引き出しを行うことができます。また，普通預金にも公共料金等の自動支払機能が備えられています。

● ――当座預金

　当座預金とは，会社が業務上の資金決済を行うための預金であり，普通預金と同様に要求払いであるほか，手形や小切手とよばれる有価証券を使って決済

が行える預金です。

　当座預金は臨時金利調整法により利息を付けることが禁止されています。このことで前述した「決済用預金の３要件」を満たすため，金融機関が破綻しても預金保険機構によって元本の全額が保護されることになっています。また，当座預金には公共料金の自動支払いや株式配当金の自動受け取り機能などが備えられています。

　当座預金の残高が不足した場合に銀行が一定額までの不足額を会社へ自動的に貸し付け，支払い不能（不渡り）となることを回避する契約を金融機関と結ぶことができます。これを「**当座借越契約**」といいます。当座借越は金融機関から会社に対する貸し付けとなるため，その限度額の設定は会社が自由に設定できるわけではなく，会社の信用力に応じた金額となるよう金融機関の所定の審査を経なければ設定できません。

　当座預金は普通預金のような通帳は発行されません。その代わりに預け入れ時に金額を記録する「当座預金預入帳」と，定期的に当座預金残高を記録した「当座預金照合表」が金融機関から発行されます。

●──定期預金

　定期預金は，通常１ヵ月以上先の満期日や据え置き期間を設定し，満期日または据え置き期間終了までは払い戻しを行うことができない預金です。

　定期預金は要求払いではなく満期日まで据え置かれるため，金利は普通預金よりも高く設定されます。このため，会社は余裕資金の運用手段として定期預金を利用します。

　定期預金はその預け入れの証として定期預金証書を発行する場合と，定期預金通帳を発行する場合がありますが，通常預金者がいずれかを選択することができます。

●──別段預金

　別段預金は，銀行業務に該当しない預け入れを行った場合に発生する一時的な預金で，雑預金ともよばれます。別段預金には株式の払込資金や，配当支払基金，営業日をまたいだ振込資金，振込先の名義相違などによる返金（送金組戻し）時の一時預り金などをプールするために利用されます。

4　会社の出納業務

●──国内為替と海外為替

　第１節で解説したとおり，現金による決済にはさまざまな危険が伴うため，会社間の取引は口座振り込みで行われるのが一般的です。これを「送金為替」とよびます。

　送金為替は振込元の預金口座から振込先の預金口座へ資金移動を行います。振込元と振込先が同一金融機関内である場合には金融機関内振替手続きによって完了しますが，振込元と振込先の口座が違う国内金融機関間の送金の場合には「全国銀行データ通信システム（全銀システム）」という銀行間の通信システムを介して送金が行われます。

　国内為替は全銀システムを通じて決済が行われますが，これは日本国内の銀行間の取引に限定されます。そこで，日本の銀行は海外銀行との決済を行うために，海外の銀行に預金口座を設けて国内預金者の決済に使用します。こうした日本の銀行と海外の銀行との為替取引契約を「コルレス契約」といいます。

　もしコルレス契約の結ばれていない海外の銀行へ送金する場合には，自行と送金先の銀行とそれぞれ契約を結んで取り仕切る銀行を仲介して送金が行われます。

●──小切手

　当座預金の場合，現金を引き出すことのできる有価証券の綴りを発行してもらうことができます。これを「**小切手**」とよびます。

　小切手は発行者（振出人）が小切手に金額を記入して記名押印することにより，銀行はその小切手を持参した人に記入された現金を支払います（持参人払い）。小切手は現金に比べて携帯がしやすく，紛失や盗難のリスクが相対的に低いことが特徴です。

　しかし，小切手は現金よりも管理するのが容易とはいえ，銀行窓口に持ち込んだ人へ支払うのが原則ですから，小切手が万が一盗難や紛失した場合は意図しない第三者に現金が引き出されてしまうリスクがあります。そこで，小切手の上部に２本の平行線を引くことにより，直接現金化しないで持参した人の預

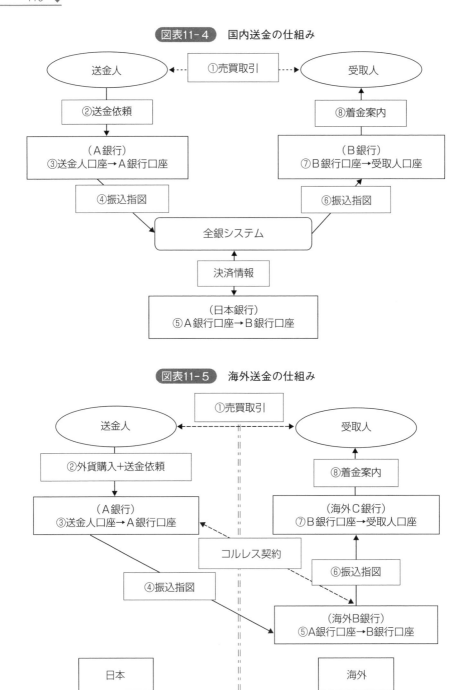

金口座へ入金することによって支払先を明確にさせることができます。これを「線引き小切手」とよびます。

小切手は，振り出した側は小切手が銀行に持ち込まれると預金から引き落としがかかりますので，当座預金勘定で処理します。一方，受け取った側は小切手を銀行に持参することで現金化できますので，現金勘定で処理するのが一般的です。ただし，補助科目を設けて通貨とは別に管理する必要があります。

また，小切手は支払期日を定めて振り出すことができます。これを「先日付小切手」といいます。先日付小切手は実質的に約束手形と同じ効力を有するので，振り出し側は支払手形勘定で，受け取った側は受取手形勘定で処理します。

図表11-6　小切手

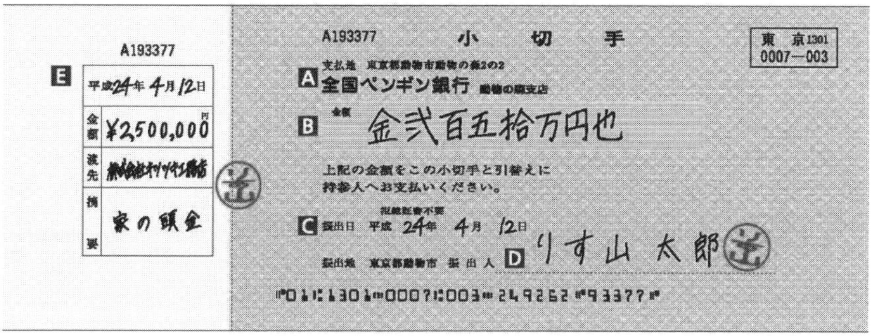

出典：一般社団法人全国銀行協会『動物たちと学ぶ　手形・小切手のはなし』。

● ──送金の方法と手続き

取引先に預金から送金を行う場合には，銀行窓口へ小切手や預金通帳を持参して支払う方法（窓口払い）と，銀行と契約を結んで会社内の端末を通じて支払う方法（エレクトロニック・バンキング（EB））などがあり，EBには専用ソフト（ファーム・バンキング（FB））やインターネット（ネット・バンキング）などの種類があります。

窓口払いの場合には振込依頼票に「振込先の口座名義，銀行名，支店名，預金種別，口座番号，振込金額と依頼人の名称の記入」，預金払出票に「依頼人の口座名義，銀行支店名，預金種別，口座番号と振込手数料を含めた預金の引き出し金額の記載，銀行取引印の押印」を備えた上で，小切手または預金通帳

を銀行窓口に持参することにより送金を行うことができます。またキャッシュカードがあれば振込依頼票や預金払出票がなくとも銀行ＡＴＭから送金することが可能です。

　ＥＢの場合は会社内の端末から「振込先の口座名義，銀行名，支店名，預金種別，口座番号，振込金額を入力」して暗証番号等の方法で送金することができます。

　送金のさいには支払内容を吟味し，取引先の「口座名義，銀行名，支店名，預金種別，口座番号，送金金額」が請求情報と合っているかを注意深く確認しなければなりません。口座名義や口座番号が一致しない場合は銀行から送金先不明として手数料が差し引かれて返金（組戻し）されますが，仮に金額のみが誤っていた場合は，その誤った先の口座に振り込みが完了してしまうため，組戻しには先方の同意がないと行われないというリスクがあります。

　そこで，現金や預金支払いを行う場合には必ず２名以上で出金先情報や金額をチェックし（ダブルチェック），さらには銀行取引印やＥＢの暗証番号は資金部門の担当者よりも上位の責任者が専門的に管理して送金の決済を，責任をもって行うなどの体制が求められます。もしこれらが１人の担当者ですべて行えるようになると，ミスの事前発覚に限界が生じたり，あるいは不正や横領の温床となるなど，会社全体としてのリスクを抱えることになります。

　預金も現金同様，一定期間を区切って預金出納帳の帳簿残高と通帳や当座勘定照合表，ＥＢなどによって預金の実際残高を照合し，両者に差異がないか確認をします。もし差異が生じている場合には，ただちに原因を究明して適切に処理されなければなりません。

　また，会社と銀行とが契約することによって，一定期間末に銀行から残高証明書を発行してもらうことができます。会計監査人は被監査対象会社の預金残高の照合を行うために，取引銀行へ残高確認状の回答を求めることがあります。

◉──キャッシュ・マネジメント・システム

　資本関係で結ばれた会社の集団で構成される企業集団において，各会社の資金効率だけではなく，グループ全体での効率的な資金管理を行うことが課題となります。そこで，グループ会社各社で資金調達を行うのではなく，親会社や財務機能を担う専門子会社にグループ全体の資金運用や資金調達，支払業務な

どの財務機能を集約することによって，グループ全体の資金効率を向上させる仕組みとして**キャッシュ・マネジメント・システム（CMS）**があります。

　CMSの基本的な仕組みは親会社や財務機能を担う専門子会社の預金口座（統括会社口座）と，その他のグループ会社の預金口座をシステムで結び，資金余剰の会社口座から統括会社口座へ資金を吸い上げ（資金集中），資金不足の会社口座へ資金を補充（資金配分）させます（プーリング）。このとき，統括会社と各グループ会社は別会社ですので，資金集中額と資金配分額の差は統括会社とグループ会社の間の貸し付けや借り入れとなります。

　CMSを用いることにより，グループ内での不効率な資金が是正され，統括会社がグループ全体での資金需要をみて外部から資金調達を行うことになり，グループ全体での総資産や資金調達額を圧縮することができます。また，主要な財務業務を統括会社に集中させることにより，グループ会社は経営資源を他の業務に振り分けることができるようになるのです。

第12章

会計制度と財務諸表

> **本章の業務フローに関係する主な会計記録（仕訳）**
>
> 1. 決算において，収益と費用を損益勘定へ振り替えた。
>   - （借）諸　収　益　×××　（貸）損　　　益　×××
>   - （借）損　　　益　×××　（貸）諸　費　用　×××
> 2. 決算において，損益勘定を繰越利益剰余金へ振り替えた。
>   - （借）損　　　益　×××　（貸）繰越利益剰余金　×××

　会社の管理部門の1つである経理部門は，一般に，日々取引を入力する地味な部署というイメージをもたれがちですが，年に1回（あるいは4回），スポットライトを浴びる時期があります。それが決算です。本章では，経理のクライマックスともいえる，法定決算における決算書，とりわけ財務諸表の作成と，その前提となる制度について紹介します。

1　株式会社における決算

●——株式会社における財務諸表の役割

　現代社会では，「会社」といえばほとんどの場合「株式会社」を指すといってもよいほど，営利企業の組織形態として株式会社は普遍的なものとなっています。それでは，なぜ株式会社がこれほど社会に広く浸透したのでしょうか。

　株式会社は，株式を発行し株主から出資を受け，その資金で活動を行う会社です。事業で利益が得られれば，株価の上昇（キャピタル・ゲイン）という形で株主も利益を得られ，また，所有株式数に応じて配当金（インカム・ゲイン）を受け取ることもできます。株式会社では，出資を行う人（株主）と事業を行う人（経営者）とが別人でも構わないために，ビジネス能力に長けている人は，自己資金がなくても株主からの出資により事業ができ，反対に，ビジネス能力に自信がないものの自己資金が豊富な人は，出資によりさらに自己資金を増や

すことができます。これは「所有と経営の分離」と表現されます。このような特質をもつ株式会社は、まさしく資本主義経済にうってつけの商業組織形態といえ、これこそ株式会社制度が世界中に広まった最大の理由といえます。このように株式会社においては、会社は株主から資金提供を受けることになるわけですが、株主から出資を引き出すためには、何が必要となるでしょうか。

　所有と経営の分離を前提とした場合、株主の立場からすれば、キャピタル・ゲインやインカム・ゲインといった利益を得るためには、出資対象となる会社が、自己の目的に適うかどうか、しっかりと判断する必要があります。そのさい、まず基本となる材料は、会社の成績表たる決算書、とりわけ定量的情報からなる**財務諸表**ということになります。このことを会社（経営者）サイドからみると、財務諸表の作成こそは、会社の存続ないし成長のための生命線ともいうべき、きわめて重要な書類ということになるのです。その作成は経理が担っているわけですから、経理という会社の部署はその存続や成長において、きわめて重要な部署ということができるのです。

●──決算の種類と会計制度

　会社では、人為的に区切った期間で会計帳簿を締め切り、会計数値をとりまとめます。この作業を**決算**といいます。株式会社の決算は、その作成時期により、月次決算、四半期決算、年次決算に分類されます。

　月次決算は、各月ごとにその翌月のなるべく早い時点で行う帳簿の締め切りと試算表の作成です。会社によっては、貸借対照表や損益計算書といった財務諸表が作成されることもありますが、これらはあくまでも会社内部における経営管理上のものであり、株主など外部者に示すものではありません。

　これに対し、外部に向けた決算はいわゆる法定決算であり、**四半期決算**（金融商品取引法（以下、「金商法」））や**年次決算**（金商法、会社法、法人税法）が該当します。これらの法定決算では株主など外部者に示す決算書の作成が要求され、そこには貸借対照表や損益計算書といった決算書の作成も含まれます。また、会社の規模等によって、公認会計士の監査を受けることもあります。

　会社の経理部門では、期中は帳簿記入、すなわち仕訳帳および総勘定元帳からなる主要簿と得意先元帳・仕入先元帳などの補助簿の記入（入力）を日々行います。年次決算を前提とすれば、決算においては試算表を作成し、それを

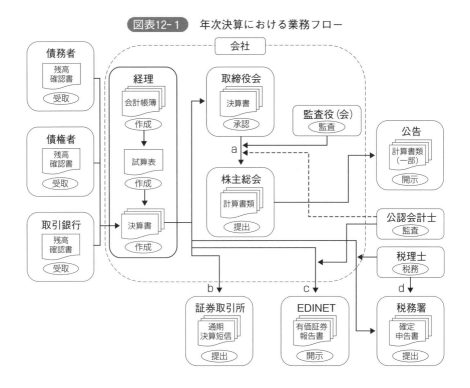

図表12-1　年次決算における業務フロー

ベースとして決算書を作成します。そのさい，当社が売上債権を有する相手（債務者），当社が仕入債務を有する相手（債権者），預金先である取引銀行などに対し，残高確認書の送付を要求し，帳簿残高との整合を確認します。

このようにして作成された決算書は，まず会社法の定めに従って**計算書類**（貸借対照表・損益計算書など）に組み替えられ，取締役会の承認を経て，株主総会へ提出されます（図表12-1，a）。また，それら貸借対照表・損益計算書などをもととして税理士のサポートを受け，法人税法の定めに従って**確定申告書**が作成され，税務署へ提出されます（図表12-1，d）。

以上の業務（aおよびd）は，すべての会社に適用されるものですが，金商法が適用される会社（上場会社等）の場合，これらに加え，追加的な決算業務が生じます。すなわち，決算短信の提出（図表12-1，b）と，**有価証券報告書**（財務諸表を内包）の提出です（図表12-1，c）。会社法による決算書は利害関係者間の利害調整が主な目的であるのに対し，金商法による決算書は証券市場

図表12-2　会計制度と決算スケジュール

作成・提出書類	根拠法(規制)	決算スケジュール(会計期間：自x1年4月1日　至x2年3月31日)											
		4月	5月	6月	7月	8月	9月	10月	11月	12月	1月	2月	3月
計算書類	会社法	→	→										
確定申告書	法人税法		原則	延長									
決算短信	(証券取引所)	→		→			→			→			
有価証券報告書／四半期報告書	金商法	→		→		→			→			→	

に参加する人々（投資家）に対する情報提供が主な目的であるため，投資家が多く存在する上場会社等にあっては，追加的な開示義務が生じることになります。

2　すべての会社に適用される決算

●──計算書類の作成と開示（会社法）

すべての会社は，会社法の規制を受けます。会社法では，株式会社の種類（公開会社/非公開会社，大会社/中小会社）と会社が選択する機関設計（監査役会/委員会など）によって決算書の取り扱いが異なりますが，ここでは公開会社たる大会社で，監査役会を設置している会社を前提に，会社法における決算の流れを説明します（図表12-1，a）。

会社法の定めに従うと，事業年度（会計期間）終了後3ヵ月を経過する日の直前に，定時株主総会が開催されます。わが国で多数を占める3月決算会社の場合，6月の最終週に**定時株主総会**が開催されるのが一般的です。経理部門によって決算で作成された貸借対照表・損益計算書などの決算書は，会社法では「計算書類」とよばれます。会社法に基づいて作成された貸借対照表・損益計算書の実例は，図表12-3および図表12-4のとおりです。

会社の株主は定時株主総会に先立って，計算書類が株主総会招集通知ととも

に送付され，経営者の経営能力を判断し，株主総会での議決権行使に反映させます（直接開示）。また，同じく株主総会に先立って，計算書類は株主と債権者の請求に応じて閲覧に供されます（間接開示）。株主総会終了後には，株主によって承認された貸借対照表と損益計算書の要旨を一般向けに周知します（公告）。公告は，新聞への掲載や自社Webサイトでの掲載によりなされます。

図表12-3 貸借対照表（計算書類）の実例

貸借対照表
（平成28年3月31日現在）

（単位 百万円）

科目	金額	科目	金額
（資産の部）		（負債の部）	
流動資産	59,410	**流動負債**	29,913
現金及び預金	6,876	支払手形及び買掛金	12,392
受取手形及び売掛金	28,630	短期借入金	1,913
有価証券	132	1年内返済予定の長期借入金	6,500
商品	19,591	未払金及び未払費用	6,633
繰延税金資産	1,409	未払法人税等	281
その他	3,428	前受金	202
貸倒引当金	△657	返品調整引当金	311
		役員賞与引当金	28
		その他	1,650
固定資産	66,583	**固定負債**	25,155
有形固定資産	27,765	長期借入金	19,350
建物及び構築物	14,490	再評価に係る繰延税金負債	1,813
工具、器具及び備品	296	退職給付引当金	1,489
土地	12,665	長期預り保証金	2,146
その他	313	資産除去債務	60
無形固定資産	2,700	その他	295
ソフトウェア	2,212	**負債合計**	**55,068**
その他	487	（純資産の部）	
投資その他の資産	36,117	**株主資本**	68,921
投資有価証券	8,751	資本金	26,137
関係会社株式	23,387	資本剰余金	31,520
繰延税金資産	996	資本準備金	22,454
その他	3,361	その他資本剰余金	9,066
貸倒引当金	△380	利益剰余金	13,708
		その他利益剰余金	13,708
		別途積立金	10,900
		繰越利益剰余金	2,808
		自己株式	△2,444
		評価・換算差額等	2,004
		その他有価証券評価差額金	2,908
		繰延ヘッジ損益	△800
		土地再評価差額金	△104
		純資産合計	**70,925**
資産合計	**125,994**	**負債純資産合計**	**125,994**

出典：美津濃株式会社ウェブサイト（定時株主総会）。

図表12-4 損益計算書（計算書類）の実例

損 益 計 算 書

(平成27年4月1日から
平成28年3月31日まで)

(単位　百万円)

科　　　　目	金	額
売　　上　　高		129,401
売　　上　　原　　価		81,994
売　上　総　利　益		47,406
販売費及び一般管理費		46,182
営　業　利　益		1,223
営　業　外　収　益		
受　取　利　息	18	
有　価　証　券　利　息	15	
受　取　配　当　金	1,036	
受　取　手　数　料	41	
受　取　保　険　金	7	
そ　の　他	359	1,478
営　業　外　費　用		
支　払　利　息	191	
売　上　割　引	461	
為　替　差　損	302	
そ　の　他	83	1,037
経　常　利　益		1,664
特　別　利　益		
固　定　資　産　売　却　益	0	
投　資　有　価　証　券　売　却　益	983	984
特　別　損　失		
固　定　資　産　売　却　損	1	
固　定　資　産　除　却　損	19	
減　損　損　失	10	
関　係　会　社　株　式　評　価　損	949	
投　資　有　価　証　券　評　価　損	0	980
税　引　前　当　期　純　利　益		1,667
法人税、住民税及び事業税	425	
法　人　税　等　調　整　額	357	782
当　期　純　利　益		885

出典：美津濃株式会社ウェブサイト（定時株主総会）。

◉──確定申告書の作成と提出（法人税法）

　すべての会社は，会社法とともに法人税法の規制も受けます。法人税法では，会社に対し，その事業年度において獲得した課税所得を計算し，「確定申告書」を作成することを義務づけています。確定申告書の作成は，通常の経理業務とは異なる特殊な技能を必要とすることから，多くの会社にあっては顧問税理士にその作成を依頼します。ただし，大規模会社の場合には，税理士有資格者を雇用するなどし，社内で作成することもあります（図表12-1，d）。

法人税にかかる確定申告書の提出期限は，決算日の翌日から2ヵ月以内であり，同日までに法人税を納付しなければなりません。ただし，公認会計士の監査を受ける会社などはその期間内に決算が確定しないことから，税務署長の承認を受けて提出期限を1ヵ月延長することが認められます。

法人税は，課税所得の額に所定の税率を乗じることで算定されます。課税所得は会社法会計における収益と費用の差額たる純利益に相当するものですが，会社法と法人税法とではその基本目的が一致しないため，課税所得と純利益が完全に一致することはありません。たとえば，交際費は企業会計上費用に該当しますが，法人税法は税収確保の観点から費用（損金）とみなされない部分が大半です。このようなズレを集計し計算するのが，税務会計の主な内容となります（法人税の申告と納付については，第14章で紹介します）。

3　上場会社に適用される決算

◉——決算短信の作成と開示（証券取引所）

決算の速報開示書類として，**決算短信**があります。これは，上場している会社が証券取引所の要請に基づいて行う開示です。会社は決算短信の開示について，証券取引所に対しては適時開示システムTDnetを通じて行い，マスメディアに対してはペーパー資料を取引所に投函するとともに，記者会見を通じてプレス発表するケースもみられます（図表12-1，b）。決算短信の実例（サマリー情報）を示せば，図表12-5のとおりとなります。

年次決算における決算短信は「通期決算短信」とよばれ，四半期決算における決算短信は「四半期決算短信」とよばれます。通期決算短信は，決算期末後45日以内の開示が適当とされ，30日以内の開示がより望ましいとされています。また，四半期決算短信は，四半期報告書の提出日よりもある程度前に開示されることが適当とされています。これらはマスメディアなどで決算発表として報道されるもととなり，会社の株価にも大きな影響を与える材料となります。

決算短信は法定外書類という点で，会社法決算や金商法決算といった法定決算開示とは位置づけを異にしますが，ここでの決算数値はそのまま法定決算の基礎となるため，事実上会社は決算短信の作成時点までに，純利益や納税額などの数値を固めなければなりません。なお，開示書類の書式は，ともに投資者

図表12-5　決算短信の実例

平成28年3月期　決算短信〔日本基準〕（連結）

平成28年5月10日

上場会社名	美津濃株式会社	上場取引所	東
コード番号	8022	URL http://corp.mizuno.com/jp/	
代表者	（役職名）代表取締役社長	（氏名）水野　明人	
問合せ先責任者	（役職名）専務取締役経理財務担当	（氏名）福本　大介	(TEL) 06-6614-8465
定時株主総会開催予定日	平成28年6月23日	配当支払開始予定日	平成28年6月24日
有価証券報告書提出予定日	平成28年6月23日		
決算補足説明資料作成の有無	：有		
決算説明会開催の有無	：無		

（百万円未満切捨て）

1．平成28年3月期の連結業績（平成27年4月1日～平成28年3月31日）
（1）連結経営成績　　　　　　　　　　　　　　　　　　　　　　　　　　（％表示は対前期増減率）

	売上高		営業利益		経常利益		親会社株主に帰属する当期純利益	
	百万円	％	百万円	％	百万円	％	百万円	％
28年3月期	196,072	4.8	2,971	△41.2	2,778	△46.7	2,085	△37.6
27年3月期	187,076	2.1	5,051	△11.3	5,209	△10.4	3,342	26.6

（注）包括利益　28年3月期　△2,837百万円（ －％）　27年3月期　8,356百万円（ 24.7％）

	1株当たり当期純利益	潜在株式調整後1株当たり当期純利益	自己資本当期純利益率	総資産経常利益率	売上高営業利益率
	円　銭	円　銭	％	％	％
28年3月期	16.54	－	2.3	1.6	1.5
27年3月期	26.57	－	3.7	3.1	2.7

（参考）持分法投資損益　28年3月期　－百万円　27年3月期　－百万円

（2）連結財政状態

	総資産	純資産	自己資本比率	1株当たり純資産
	百万円	百万円	％	円　銭
28年3月期	169,995	89,091	52.2	703.57
27年3月期	174,395	92,909	53.1	735.51

（参考）自己資本　28年3月期　88,798百万円　27年3月期　92,636百万円

（3）連結キャッシュ・フローの状況

	営業活動によるキャッシュ・フロー	投資活動によるキャッシュ・フロー	財務活動によるキャッシュ・フロー	現金及び現金同等物期末残高
	百万円	百万円	百万円	百万円
28年3月期	1,742	△2,157	△4,208	14,176
27年3月期	5,795	△2,791	783	18,989

2．配当の状況

	年間配当金					配当金総額（合計）	配当性向（連結）	純資産配当率（連結）
	第1四半期末	第2四半期末	第3四半期末	期末	合計			
	円　銭	円　銭	円　銭	円　銭	円　銭	百万円	％	％
27年3月期	－	5.00	－	5.00	10.00	1,258	37.6	1.4
28年3月期	－	5.00	－	5.00	10.00	1,261	60.5	1.4
29年3月期（予想）	－	5.00	－	5.00	10.00		36.0	

3．平成29年3月期の連結業績予想（平成28年4月1日～平成29年3月31日）

（％表示は、通期は対前期、四半期は対前年同四半期増減率）

	売上高		営業利益		経常利益		親会社株主に帰属する当期純利益		1株当たり当期純利益
	百万円	％	百万円	％	百万円	％	百万円	％	円　銭
第2四半期（累計）	96,000	△1.0	1,500	5.1	1,500	△17.3	950	△34.7	7.54
通期	200,000	2.0	5,500	85.1	5,500	98.0	3,500	67.8	27.76

出典：美津濃株式会社ウェブサイト。

への情報開示を目的とする金商法のそれをベースとしているため，決算短信を作成することで，その後の金商法に基づく有価証券報告書はそこに情報を追加することで完成します。

●──有価証券報告書・四半期報告書の作成と開示（金融商品取引法）

　金商法では，上場会社などに対し，年次決算書として「有価証券報告書」の提出を義務づけています。有価証券報告書は，事業年度終了後3ヵ月以内に会社から内閣総理大臣に提出され，投資者はその後，金融庁のEDINET等で開示されるウェブサイトで閲覧することができます（図表12-1，ｃ）。また，タイムリー・ディスクロージャーの観点より，「四半期報告書」の提出も義務づけられています。四半期報告書は，事業年度を3ヵ月ごとに区分した期間ごとに，四半期終了後45日以内に提出するものです。これもまた，その後，ウェブサイトで閲覧することができます。金商法に基づくこれらの会計情報の開示は，企業内容開示制度（ディスクロージャー制度）ともよばれます。

　有価証券報告書には，大規模上場会社ではＡ4版で100頁を超えるような詳細なものもあります。そこでは決算書たる貸借対照表・損益計算書などが内包されますが，それらは「経理の状況」において開示されます。有価証券報告書における目次の実例を示せば，図表12-6のとおりとなります。なお，公認会計士の監査意見を述べた監査報告書も，有価証券報告書とともに開示されます。これによって，情報利用者たる投資者に対して，開示情報としての信頼性が担保されることになります。

　なお，金商法会計における貸借対照表・損益計算書などは「財務諸表」とよばれ，会社法会計における「計算書類」とは区別されます。ただし，両法規に準拠する共通的な決算書（貸借対照表・損益計算書など）は書式が異なるだけであり，それぞれに記載される金額等に違いはありません。

図表12-6 有価証券報告書（目次）の実例

```
第103期 有価証券報告書
【表紙】 ················································································· 1
第一部 【企業情報】 ··································································· 2
  第1 【企業の概況】 ································································ 2
    1 【主要な経営指標等の推移】 ············································ 2
    2 【沿革】 ····································································· 4
    3 【事業の内容】 ···························································· 5
    4 【関係会社の状況】 ······················································· 7
    5 【従業員の状況】 ························································· 8
  第2 【事業の状況】 ································································ 9
    1 【業績等の概要】 ························································· 9
    2 【生産、受注及び販売の状況】 ········································ 11
    3 【対処すべき課題】 ····················································· 12
    4 【事業等のリスク】 ····················································· 14
    5 【経営上の重要な契約等】 ············································· 15
    6 【研究開発活動】 ······················································· 15
    7 【財政状態、経営成績及びキャッシュ・フローの状況の分析】 ······ 16
  第3 【設備の状況】 ······························································· 19
    1 【設備投資等の概要】 ·················································· 19
    2 【主要な設備の状況】 ·················································· 19
    3 【設備の新設、除却等の計画】 ········································ 20
  第4 【提出会社の状況】 ·························································· 21
    1 【株式等の状況】 ······················································· 21
    2 【自己株式の取得等の状況】 ·········································· 24
    3 【配当政策】 ···························································· 25
    4 【株価の推移】 ·························································· 25
    5 【役員の状況】 ·························································· 26
    6 【コーポレート・ガバナンスの状況等】 ····························· 28
  第5 【経理の状況】 ······························································· 38
    1 【連結財務諸表等】 ···················································· 39
    2 【財務諸表等】 ·························································· 78
  第6 【提出会社の株式事務の概要】 ············································ 90
  第7 【提出会社の参考情報】 ···················································· 91
    1 【提出会社の親会社等の情報】 ········································ 91
    2 【その他の参考情報】 ·················································· 91
  第二部 【提出会社の保証会社等の情報】 ······································· 92

監査報告書

内部統制報告書

確認書
```

出典：美津濃株式会社ウェブサイト。

4　貸借対照表・損益計算書以外の財務諸表

●——株主資本等変動計算書

　法定決算，法定外決算ともに，メインとなる決算書（財務諸表）は貸借対照表と損益計算書ですが，これら以外に作成される重要な財務諸表として，株主資本等変動計算書とキャッシュ・フロー計算書があります。主要4財務諸表の位置づけを示せば，図表12-7のとおりとなります。

　貸借対照表における純資産の部の1会計期間における増減変動を報告するために作成される決算書が**株主資本等変動計算書**であり，会社法決算，金商法決算ともに作成が義務づけられています。これは，1会計期間の変動額を示すという意味で，損益計算書と同様フロー計算書という位置づけになります。損益計算書で収益と費用の差額により計算された純利益（フロー）は，貸借対照表に繰越利益剰余金（ストック）として引き継がれますが，その繰越利益剰余金は純資産の部における株主資本の一項目です。しかし，純資産の部にはこれ以外の項目もあり，それらもまた期中変動する場合があるため，その変動状況（フロー）をも含め純資産の部の変動を網羅的に開示するのが，株主資本等変動計算書ということになります。もう少し踏み込んでいえば，純資産の部の各項目中，繰越利益剰余金だけがフローを2段階に分けて開示しているということもできます。

●——キャッシュ・フロー計算書

　資金の1会計期間における増減変動を報告するために作成される財務諸表が**キャッシュ・フロー計算書**であり，金商法決算においてのみ作成が義務づけられています。したがって，上場会社等にあっては，計算書類（株主総会提出用）としては作成しないものの，財務諸表（内閣総理大臣提出用）としては作成する必要が生じます。この計算書において増減変動の対象となる資金は，現金（手許現金と要求払預金）および現金同等物（容易に換金可能であり，かつ，価値の変動について僅少なリスクしか負わない短期投資）からなります。

　キャッシュ・フロー計算書は，1会計期間の変動額を示すという意味で，損益計算書と同様フロー計算書という位置づけになります。しかし，損益計算書

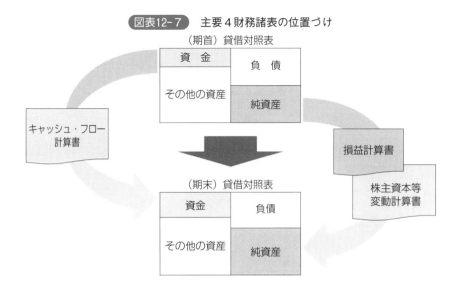

図表12-7　主要4財務諸表の位置づけ

が目的とするところは収益と費用の差額による純利益の算定，すなわち成果計算であるのに対し，キャッシュ・フロー計算書が目的とするところは資金の出と入りの把握，すなわち資金繰りです。したがってたとえば，掛売上という取引は損益計算書には含まれますが，キャッシュ・フロー計算書には含まれません。反対に，借り入れという取引は損益計算書には含まれませんが，キャッシュ・フロー計算書には含まれます。資金はしばしば会社の血液になぞらえられるように，たとえ利益を計上している会社であっても資金がショートしては会社が存続不能となるため，損益計算書とは違う視点により投資情報として重視されます。

　キャッシュ・フロー計算書は，資金の出と入りについて営業活動，投資活動，財務活動に3区分します。このうち営業活動の区分の作成方法には，直接法と間接法があります。直接法は資金の出と入りを，文字どおり直接的に把握して表示する方法であるのに対し，間接法は損益計算書の利益を起点とし，資金の出と入りを貸借対照表および損益計算書から誘導的に把握して表示する方法です。わが国の実務では間接法を採択する会社が圧倒的多数ですが，国際会計では直接法が重視されています。

第13章

予算と管理会計

> **予算の仕組みと活用**
>
> 　予算とは，会社の経営戦略に基づき設定された具体的な目標を数値によって表現したものです。予算によるマネジメントは予算編成と予算統制とに分かれ，両者を合わせて予算管理といいます。
> 　予算は会社のマネジメント・サイクルにしたがい，実績と比較，その時生じた差異を分析することで，改善につながる情報を経営陣に提供します。

　「国の予算が承認されました」，「予算内に収めてください」など，日常生活において予算という言葉を聞くことはよくあります。予算とは簡単にいうと「将来における収入と支出の計画」です。本章では，管理会計における予算の意義と予算の編成ならびに予算の種類について紹介します。

1　管理会計と予算の関係

◉──マネジメントのためのコントロール

　会社は，より多くの利益の獲得，良い商品やサービスの提供を通じた社会への貢献など，さまざまな目標を設定し，それを達成するために日々活動しています。しかし，そのような目標を達成していくためには，経営者の考え（戦略）を組織で働くすべてのスタッフに正しく伝え，会社がもっているヒト，モノ，カネ，情報といった経営資源を最適に組み合わせ，それらを最も効率よく成果に結びつけていくことが求められます。これを実現するためには，経営計画をつくり，会社の目標を現場レベルまでブレークダウンし，それが達成されるように**マネジメント**することが不可欠です。

　もしマネジメントが適切に行われなければ，どのような不都合が生じるでしょうか。まず，経営資源の組み合わせがうまくいかない，あるいは，会社全

体として経営資源の配分が非効率的になるなどの事態が考えられます。あまり利益の上がらないビジネスに多くの経営資源が配分されてしまい，将来性があり，利益が日々増えていくようなビジネスには僅かな経営資源しか配分されない恐れが出てくることになるのです。

　マネジメントを適切に行うことができるならば，ヒトの面ではモチベーションを高めさせ，モノの面では，たとえば，それぞれの機械の稼働時間をコントロールすることにより機械の劣化を抑制し，長持ちさせることが可能になり，また，所有するスペースの有効利用ができるようになるなどの効果が期待できます。

●──マネジメントと管理会計

　組織の規模の観点からマネジメントを考えてみましょう。組織の規模が小さいときには，経営者が現場の状況を把握し，経営資源のコントロールを行うことが比較的容易です。しかし，規模が大きくなり，管理者の階層が増えてくると，いかに経営者が素晴らしい戦略をつくったとしても，実際の業務を行う現場において，経営者の意図どおりに経営資源が活用されるとは限りません。したがって，大きな会社では，会社活動を分担している各部門や各管理者の行動，あるいは経営資源の状況を組織全体の視点から効果的にマネジメントしていくことがより重要になります。

　マネジメントは，経営戦略に沿った具体的な経営資源の利用方法に対して行われるものであるため，当然のことながら，経営資源や目標が変わればマネジメントの程度や対象も異なってきます。逆に，マネジメントの方法を変えることで，従業員の行動はじめ，経営資源の配分や利用の仕方などを通じて，会社の方向性を変えることも可能です。たとえば，営業担当者の業績評価基準を利益から売上高に変更したとすると，彼らは利益が出ないような案件も受けてしまい，その結果，会社全体の売上高は伸びるものの，利益率は下がってしまうかもしれません。つまりマネジメントの手法は，経営者が従業員に対して発するメッセージと捉えることもできるのです。

　このようなマネジメントを行うために，適切な会計数値を提供することを目的とした会計を**管理会計**といいます。グローバル・レベルでの競争力激化は，会社のおかれている環境をより厳しいものにしています。したがって会社は，

経営環境の変化にあわせて、さまざまな目標を設定し、管理会計は、それらに対応した会計数値を提供することが求められます。このことからも、管理会計の重要性を理解していただけると思います。そして、管理会計の中で重要な役割を担っているのが、予算によるマネジメントなのです。

●──予算と管理会計の関係

予算とは、会社の経営戦略に基づき設定された具体的な目標を、数値によって表現したものです。言い換えると、会社の将来計画を数値で表現したものです。予算によるマネジメントは、予算をつくる予算編成、予算を用いて経営活動をコントロールする予算統制に区別され、これら2つをまとめて予算管理とよばれます。管理会計には、経営計画立案を支援する役割と、経営計画を実現するための役割があります。予算管理は後者に活用されます。

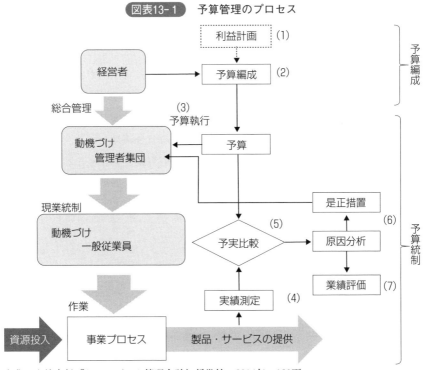

図表13-1　予算管理のプロセス

出典：上總康行『ケースブック管理会計』新世社、2014年、139頁。

図表13-1は，**予算管理**のプロセスを示したものです。まず，経営陣により定められた利益計画が，組織に所属するスタッフへ示されます。そして，利益計画が，各管理組織（部署）における管理者にブレークダウンする形で割り当てられます。これが予算編成です。予算編成では，各部署の行動計画に対応した部門予算と会社全体の経営計画に対応した総合予算の２つが編成されます。

　次に，各部署に割り当てられた予算に示された費用で，たとえば営業部門なら販売活動を通して売上高の獲得を目指し，研究開発部門なら優れた商品を開発することに努めます。そして，一定期間経過後に，予算と実績とを比較して**差異分析**が行われます。もし多額の不利差異（収益面では予算額を下回り，費用面では予算額を超過するケース）が生じている場合は，その原因を分析し，修正するための経営行動がとられます。予算の達成度および差異に対する対応は，各部署（管理者）の業績評価にも用いられます。

2　予算の仕組み

●──予算の意義

　ここであらためて予算の意義について考えてみましょう。会社は，獲得したい利益額，すなわち目標利益を設定し，それを達成するために努力します。しかし，目標利益を確保するために「どの程度の売上高を達成しなければならないのか」，「費用をどの程度まで使ってもよいのか」といった具体的な行動目標まで明確にしなければ意味がありません。したがって，目標利益をわかりやすい具体的な売上高，または費用の目標まで落とし込む必要があります。こうして得られた売上高，費用の目標を利益計画といいます。この利益計画を実行に移し，達成していくための具体的な総合計画が予算であり，予算を確実に実現できるようなシステムをつくり，運営していくことが**予算管理**なのです。

　通常，予算管理はPLAN（計画），DO（実行），CHECK（評価）およびACTION（行動）という一連のマネジメント・サイクルに沿って行われる必要があります。このようなサイクルをPDCAサイクルともいいます。具体的には，まず会社全体または個別部門ごとに，将来の売上高，費用，利益の数値目標である予算を作ります。そして，予算に基づいて実際に活動を行います。この実際の活動結果を実績として集計し，最初に決めた予算と比較することにより会

社の業績結果についての分析を行います。次に，その分析結果をそれぞれの現場にフィードバックし，戦術や行動の修正に必要なアクションを行います。このような予算管理がうまくいくためには，次の諸条件が満たされなければなりません。

(1) 経営者から現場の担当者に至るまで，全社員が予算管理の必要性を認識し，積極的にその運営に参加する体制が整っていること
(2) 予算管理の基本的な方法が理解されていること
(3) 全社的な管理組織体制が確立されていること
(4) 予算と実績の差異などの数値情報の処理システムが構築されていること

また，予算は利益実現のための計画表としてだけではなく，業績評価などの管理ツールとしての役割を担います。予算は過去からの趨勢，経営環境の変化，市場の変化など会社のさまざまな状況を考慮して設定されており，それを実績値と比較することで多くの有用な情報を得ることができるからです。したがって，会社の業績評価をしっかりと行い，それに基づいて組織をコントロールしていくためにも予算管理が重要となるのです。

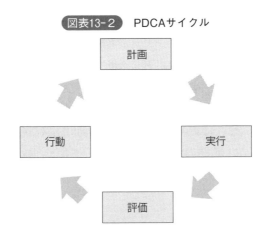

図表13-2　PDCAサイクル

なお，予算を業績評価や組織のコントロールに活用するためには，適切な予算を設定するように仕向けるインセンティブが不可欠です。なぜなら，これがなければ，本来の予算より低めまたは高めに予算を設定する，あるいは予算の設定段階で社内の力関係から各部門への費用の負担割合に影響する恐れがある

からです。予算が恣意的で不平等なものにならないよう，各部門等へ費用を割り当てるさいに用いる基準は，公平かつ合理的でなければなりません。

●──予算の設定方法

予算の設定には2つの方法があります。1つは会社全体の予算に基づいて，経営陣が一方的に各部門の予算を割り振るトップダウン方式であり，もう1つは現場の担当者が自主的に予算を設定し，これを集計することにより会社全体の予算を明らかにするボトムアップ方式です。トップダウン方式は，現場の意見が無視され，予算をノルマととられる可能性が高いため，動機づけが難しいという課題があります。一方，ボトムアップ方式は，トップの意思が反映されないために，現場の予算の合計が会社全体の利益目標とかけ離れてしまい，現場担当者がプレッシャーを感じないよう甘い予算になるリスクがあります。

したがって，効果的な予算を設定するためには，2つの方法を併用することが必要です。たとえば，トップが利益計画に基づいた予算の大枠の方針（予算編成方針）を設定し，それの方針に基づいて各現場で予算原案を作成します。そして，これを積み上げたものと方針が一致するように，社内の予算委員会等の組織で調整し，最終的な予算を作成する方法が考えられます。現在では一般的に，予算の設定段階でできるだけ現場の担当者を参加させ，予算目標達成の動機づけを喚起していくことが重要だといわれています。

また，経営環境が大きく変化して予測と現実が合わなくなり，設定した予算が現実味を失うことがあります。このような場合には，既定の予算を見直し，一定のルールに基づいて修正を加えなければなりません。一般的には，1年間の予算をその前年に設定し，その年度がスタートした後，実際の推移と経営環境の変化に応じて，2～3回程度修正を行うケースが多いようです。

具体的な予算数値を設定するさいには，通常，前年の実績をベースにその何%増というような形で設定されることが多いようです。しかし，この方法ではコストの上昇を避けることができず，また，本当に必要なものにだけ支出することも困難です。この問題に対処するために考え出されたのが，**ゼロベース予算**です。

ゼロベース予算とは，いろいろなプロジェクトの計画を前年の実績などに関係なくすべての項目についてゼロベースで設定し，その計画の内容を検討して

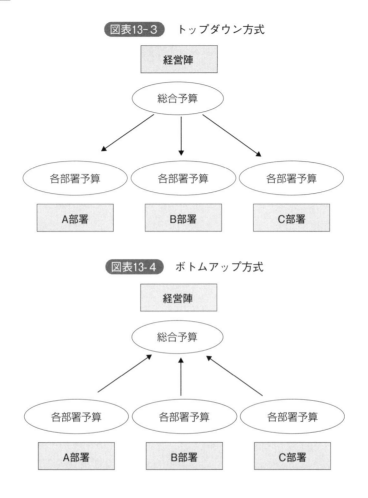

優先順位をつけ,その順位にしたがって予算枠で足切りを行い,採用された計画にだけ予算を設定する方法です。この方法は,アメリカにおいて考案されたもので,会社だけではなく,政府や州の予算管理に取り入れられています。この方法の長所としては,次のようなことをあげることができます。

(1) 経営者が組織の末端まで十分に把握できない大会社等において,毎年プロジェクトについての検討を行うことになるため,組織の硬直化・経営環境の変化にもかかわらず,いったん採用したプロジェクトの継続,新規のプロジェクトの不採用等を防ぐことが期待できること
(2) 経営トップの戦略目標を予算にはっきりと表すことができること

(3) 毎年のプロジェクトの優先順位を決め，それにしたがって予算が決められていくので，経営環境の変化などに対して柔軟性・機動性があること

短所としては，予算編成業務の労力が相当増加することなどが考えられます。これらのことから，この方法は環境変化への柔軟な対応やコスト削減といった面では望ましいのですが，実際に利用する場合には，その長所・短所を十分に認識することが必要となります。

●──予算の種類

予算にはさまざまな種類がありますが，大別すると次の3つになります。
(1) 損益計算書の各項目に関する売上高予算，売上原価予算（製造予算），販売費及び一般管理費予算，営業外損益予算などの損益予算
(2) 現金の出入りを中心とした資金繰りに関する現金収支予算
(3) 設備投資に関係した設備予算や有価証券などの投資に関する投資予算などの資本予算

もちろん，上記はあくまでも例示であり，会社の業務内容や，どこまで予算管理を細かくするかといった方針の違いにより，区分方法も変化します。ここからは最も一般的な予算である売上高予算，営業費予算，および製造予算について，その作成方法をみてみましょう。

【売上高予算】

売上高予算を立てるためには，過去の売上高などをベースに将来の売上高を予測する販売分析と，市場環境の動向に関する市場分析，そして経営方針との整合性の3つを総合的に考える必要があります。

販売分析では，人口や所得などの長期的な趨勢，周期的な変動，シーズンごとの変動などから，将来の予測数値を計算します。市場分析では，人口，世帯数，所得，在庫，銀行預金高などから市場の動向を把握して，将来の予測を行います。また，経営方針との整合性については，経営計画の段階で決められた目標利益などを達成できるような予算となっているかを確認します。

売上高予算は，必要に応じて担当者別予算，得意先別予算，製品別予算，月別予算，製品別生産予算などに細分化することも考えられます。

【営業予算】

　営業予算は，売上高，売上原価と目標利益から逆算して，営業費の最高限度を算出するのが一般的です。営業費の中で，包装，輸送，保管などに関係する物流費については，時間当たりまたは数量当たりで比例的に発生することが多いため，予定売上数量などに基づいて予算を立てます。

　一方，総務部や経理部等の管理業に関係するコストについては，それぞれの金額を固定費的に見積もります。残りの営業費用，たとえば広告宣伝費，販売促進費，販売員人件費などについては，過去の実績や競争相手の状況，新製品・新市場の開拓に必要なもの，または販売費と売上高との相関関係を調査して予算を設定します。

【製造予算】

　製品の製造予定数は，期末在庫の予測を立てることにより自動的に決まります。なぜなら，利益計画から売上数量が決まり，期首在庫数量はすでにわかっているからです。

　そこから設定する製造予算は，売上高予算に対して十分か，製品をはじめとする在庫が適切な水準になっているか，生産能力からみて適切な生産水準になっているか，製造コストが適当な水準になっているかなどに留意して検討する必要があります。また，コスト削減の観点からは，一時的な残業などを減らすために操業度を安定させることも必要です。

　製造予算は，直接材料費，直接労務費および製造間接費の3つに分けて予算を設定することが一般的です。このうち製造する製品に直接結びつけて求められる直接材料費の予算は，製品の単位当たりの材料消費量に予定製造量を乗じて予定材料消費量を求め，これに予算で使用される予算単価を乗じて求めます。

　次に，製造する製品に直接結びつけて求められる直接労務費の予算は，製品の単価当たりの直接作業期間に予定製造量を乗じて予定直接作業時間を求め，これに予算で使用させる予定賃率を乗じて求めます。

　製造間接費については，これを変動費と固定費，部門共通費と部門個別費，管理可能費と管理不能費といった区分に割り振ることにより，コントロールを効果的に行えるようになります。

3　差異分析

●――単純比較による予算差異分析

　予算と実績値を比較し，その差額を算出することにより，それぞれの期間にどのような変化が起こったのかを分析し，現在の経営上の問題点をみつけることを**予算差異分析**といいます。予算差異分析を業績の評価に利用すれば，会社目標の達成に向けてそれぞれの役割を果たした会社内のすべての人々の努力の結果に対して，ある種の価値判断を行うことができます。まず，単純な実績値と予算額との単純比較による差異分析を説明します。

図表13-5　ABC株式会社 x1年度損益計算書

(単位：円)

科　目	予　算	実　績	差　異
売上高	1,400,000	1,200,000	△200,000
売上原価	△700,000	△650,000	50,000
売上総利益	700,000	550,000	△150,000
広告宣伝費	150,000	150,000	0
一般管理費	300,000	275,000	25,000
支払利息	25,000	35,000	△10,000
利益	225,000	90,000	△135,000

　会社が経営活動（営業活動）を行うさい，将来予測（予算）と実績との間にある程度の差が生じることは，避けることができません。そこで，まず許容できる差異の範囲を決定します。図表13-5の例では100,000円未満とします。この範囲は会社規模や業種によって異なってくるでしょう。なお図表では，わかりやすくするために，損益計算書のフォームを利用しましたが，予算報告の様式は，各会社が独自のフォームを用いています。

　本例の場合，売上高，売上総利益および利益の予算と実績の差異が，100,000円を超えました。したがって，経営陣はそれぞれの項目について，その原因を分析しなければなりません。すなわち，その問題点は売上高にあることがわかります。事前の予測では1,400,000円の売上が期待できたにもかかわら

ず，実際は1,200,000円しか売上をあげることができませんでした。経営陣は，なぜ売上高が予測を下回ったのかについて関係者と分析をしなければなりません。たとえば，経済状況の変化等で従来の値段で販売することが困難であるという分析をしたならば，商品の価格を改定したり，またより魅力的な商品を市場に投入するための商品開発に注力するなどの判断をすることになるでしょう。

●──収益差異と原価差異

　ここまで，各勘定科目の単純比較による差異分析を紹介しました。この方法は，実際の利益と予算の利益を単純比較し，その差を差異として計算するものであり，簡便であるため，利用するのが容易です。しかし，経営環境にまったく変化がないときには有効ですが，いくつかの大きな変化が発生すると，その変化の影響が差異に含まれてしまうために，差異の発生理由の分析ができなくなってしまいます。したがって，会社の経営実態を正確に把握するという観点からはあまり望ましくありません。

　そこで，より高度な分析を行うために，会社では予算と実際の利益差異を，**収益差異**（販売価格差異，販売数量差異）と**原価差異**（価格差異，数量差異，操業度差異）に分解します。さらに，それぞれの差異を市場数量差異，市場占有率差異，製品配合差異，販売費差異，製造原価差異，固定費差異などに分解し，それぞれの差異の発生原因を明らかにして，利益改善策の検討や経営環境に適応するための戦略の変更または意思決定に利用します。

　再度，図表13-5のABC株式会社の例で説明します。売上高が予算を下回る原因を調べたところ，計画では商品1個当たり1,000円で1,400個販売する予定だったものが，競合製品の価格と比較検討した結果，価格を960円まで下げて販売し，また実際の販売数量が1,250個にとどまっていたとします。このとき，収益差異（不利差異）は，実際の収益額1,200,000円（1,250個×960円）から予算上の収益額1,400,000円（1,400個×1,000円）を差し引いた200,000円となります。この販売差異は，さらに売上価格の減少を原因とした不利差異（販売価格差異）56,000円と売上個数の減少を原因とした不利差異（販売数量差異）144,000円とに分解することができます。

　原価差異について分析してみると，商品1個当たりの製造原価は700円で，3月期は1,000個製造する予定だったのが，1個当たりの製造原価を500円に抑

えることができ，1,300個製造していたとします。この場合，原価差異（有利差異）は，予測製造原価700,000円から実際の製造原価650,000円を差し引いた50,000円となります。このように，自社にとってプラスとなる差異を有利差異といいます。この原価差異は，さらに1個当たり製造原価の減少を原因とした有利差異（価格差異）260,000円と製造個数増加による不利差異（数量差異）210,000円に分解することができます。

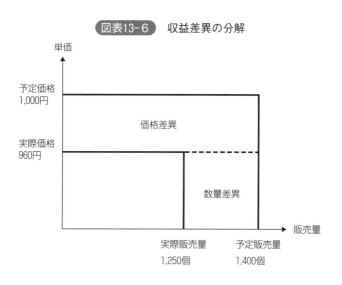

図表13-6　収益差異の分解

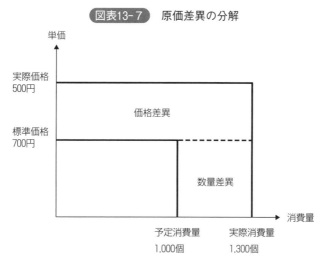

図表13-7　原価差異の分解

第14章

法人税等の申告と納付

本章の業務フローに関係する主な会計記録（仕訳）

1. 中間納付時の仕訳
   （借）仮払法人税等　×××　（貸）普 通 預 金　×××
2. 決算確定時の仕訳
   （借）法 人 税 等　×××　（貸）仮払法人税等　×××
   　　　　　　　　　　　　　　　未払法人税等　×××
3. 納付時の仕訳
   （借）未払法人税等　×××　（貸）普 通 預 金　×××

　法人税とは，法人の所得に対して課される税金です。法人税における所得の金額と企業会計に基づいて算定された当期純利益の金額には相違があるため，法人税額の計算にあたっては調整（決算調整，申告調整）が必要となります。決算調整項目は確定した決算において損金経理をしていないと認められないため，注意が必要です。

1　会社に関係する税金

　日本には，さまざまな税金があります。税金の分類方法には3つあり，①国に納める税金（国税）と地方公共団体に納める税金（地方税），②課税の対象が所得である場合（所得課税），物品の消費やサービスの提供である場合（消費課税），資産などに対して課税する場合（資産課税等），③税を納める人と負担する人が同じ税金（直接税）と税を納める人と負担する人が異なる税金（間接税）というように分けられます。

　会社の活動の結果生じた所得に対して課される税金には，**法人税**，**地方法人税**，**法人住民税**があります。また，会社が行う事業に対して課される税金として，**法人事業税**があります。このうち，法人税，地方法人税は国がかける税金

(国税)であり，法人住民税，法人事業税は都道府県や市町村がかける税金(地方税)です。

本章では法人税・事業税・住民税を取り上げます。企業会計では一般に，法人税・事業税・住民税をまとめて「法人税等」とよびます。

図表14-1　日本の税金

	国　税	地方税
所得課税	所得税，法人税，地方法人税など	個人住民税，個人事業税，法人住民税，法人事業税など
資産課税等	相続税・贈与税，印紙税など	不動産取得税，固定資産税，都市計画税，事業所税など
消費課税	消費税，酒税，たばこ税，関税など	地方消費税，地方たばこ税，ゴルフ場利用税，自動車税など

なお，このほかに地方法人特別税(国税)がありますが，平成29年度より廃止されることになりました。

2　企業会計と法人税法の違い

法人税額の算定の基礎となる所得金額と，企業会計における当期純利益の金額はまったく同じではありません。これは，企業会計が利害関係者への情報提供や利害調整のために会社の財政状態や経営成績を忠実に表したものを求めるのに対し，法人税法は課税の公平性を目的としているからです。

◉──当期純利益と所得の違い

企業会計においては，企業の実態を開示するために，一般に公正妥当と認められた会計処理の基準にしたがって財務諸表を作成します。ここで，当期純利益は収益から費用を差し引いて計算されます。他方，法人税法においては，所得は益金から損金を差し引いて計算されます。つまり，次のようになります。

　　当期純利益＝収益－費用
　　所　　　得＝益金－損金

ここで，収益＝益金，費用＝損金であれば当期純利益＝所得となりますが，

先に述べたように企業会計と法人税法ではその目的が異なっているため，法人税法上の所得計算においては課税の公平性や徴税の確保，政策上の配慮等が反映されたものになり，当期純利益と所得は必ずしも一致しません。
　企業会計上の収益とは，商品やサービスを提供したことの対価として受け取ったもののほか，手数料を受け取った場合や，貸付金に対する利息，保有する株式についての受取配当金など，多くの種類があります。
　これに対して法人税法上の益金の額とは，法人税法22条2項において「内国法人の各事業年度の所得の金額の計算上当該事業年後の益金の額に算入すべき金額は，別段の定めがあるものを除き，資産の販売，有償又は無償による資産の譲渡又は役務の提供，無償による資産の譲受けその他取引で資本等取引以外のものに係る当該事業年度の収益の額とする」とされています。
　また，費用・損失と損金の額については，法人税法に別段の定めがあるものおよび資本等取引にかかるもの以外は，企業会計における費用・損失と損金の額は基本的には同様であるといえます。なお，法人税法22条3項2号で「償却費以外の費用で当該事業年度の終了の日までに債務の確定しないものを除く」とあることから，債務の確定したものだけがここでの損金の額に該当することになります。

●──「別段の定め」とは

　法人税法上の益金の額および損金の額は，基本的に企業会計における収益や原価・費用・損失の額と変わりません。しかし，法人税法には課税の公平性や政策上の理由から，企業会計とは異なる扱いを定める規定が多数存在します。これを「**別段の定め**」といいます。
　別段の定めにより企業会計と法人税法における範囲が異なるものとしては，以下の4つのパターンがあります。
 (1)　企業会計上の収益であるが，法人税法上の益金とならないもの（益金不算入項目）
 (2)　企業会計上の収益ではないが，法人税法上の益金となるもの（益金算入項目）
 (3)　企業会計上の費用であるが，法人税法上の損金とならないもの（損金不算入項目）

(4) 企業会計上の費用ではないが，法人税法上の損金となるもの（損金算入項目）

それぞれの具体例は図表14-2のようになります。

図表14-2　別段の定めの具体例

①益金不算入項目	受取配当金の一部，資産の評価益，還付法人税など
②益金算入項目	無償の資産の譲渡など
③損金不算入項目	法人税，寄附金，交際費の一部，資産の評価損，役員賞与，過大な役員報酬，減価償却費の超過額など
④損金算入項目	収用等の特別控除，剰余金処分による準備金など

3　所得金額の計算

◉──確定決算主義

　企業会計と法人税法では，収益と益金，費用と損金が必ずしも一致しません。それでは，企業会計における決算書（貸借対照表，損益計算書，株主資本等変動計算書）と法人税の申告用の書類を別々に作成するのかというと，そうではありません。法人税の申告書は，決算後に行われる株主総会によって承認された（すなわち，確定した）決算書に基づいて作成されます。これを**確定決算主義**といいます。

　法人税法上の所得金額は，図表14-3のように企業会計における当期純利益に税務調整（決算調整と申告調整）を行って計算されます。

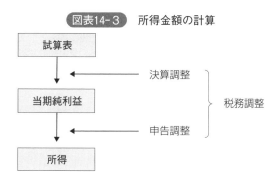

図表14-3　所得金額の計算

◉──決算調整と申告調整

決算調整とは，簿記一巡の手続きの決算整理のことではありません。法人税法上，会社が行った費用についての会計処理を損金として認めてもらうために，会社が当期純利益を計算する過程で法人税法が求める処理を行わなければならないもののことを指します。この決算調整に該当するものは，確定した決算において費用または損失として会計処理を行うこと（これを損金経理といいます）が求められており，損金経理を行わなければ損金算入できません。つまり，申告書上のみでの調整はできません。この決算調整事項については決算書を作成する段階で法人税法上の処理も一緒に行うため，注意が必要です。

また，申告書の作成段階で行う調整のことを**申告調整**といいます。この申告調整には，会社が申告調整をしてもしなくてもよい任意の申告調整と，必ず申告しなければならない必須の申告調整があります。このうち，任意の申告調整は，企業が自ら申告するがどうかを選択し，確定申告書に記載した場合には損金算入や益金不算入といった企業にとって有利な取り扱いを受けることができるものです。任意の申告調整をしない場合にはこの有利な取り扱いを受けることができないという結果になります。これに対し，必須の申告調整については必ず申告書上で調整を行わなければならないものですので，必須の申告調整を行わなかった場合には税務署長より更正・決定の処分が下されます。

図表14-4　税務調整の項目の例

税務調整	決算調整		減価償却費の損金算入，繰延資産の償却費の損金算入，使用人兼務役員賞与の損金算入，引当金繰入額の損金算入，準備金・積立額の損金算入など
	申告調整	任意	受取配当金の益金不算入，所得税額の控除
		必須	資産の評価益の益金不算入，法人税等の還付金の益金不算入，減価償却の償却超過額および繰延資産の償却超過額の損金不算入，貸倒引当金等の繰入超過額の損金不算入，寄附金の損金不算入，交際費の損金不算入，資産の評価損の損金不算入，過大な役員報酬等の損金不算入，役員賞与等の損金不算入など

4　法人税の申告

●——法人税の申告書類

法人税を税務署に申告するにあたっては，図表14-5のような書類を一緒に提出することになっています。

図表14-5　申告書類の内容

書類名	内　容
法人税申告書	別表
決算書	貸借対照表，損益計算書，株主資本等変動計算書
勘定科目内訳明細書	資産・負債科目は残高のあるものについて記載し，損益科目については役員報酬や人件費など特定の科目について記載したもの
法人事業概況説明書	法人名や納税地，事業内容，支店，海外取引状況，期末従業員数の状況，経理の状況などを所定の書式に従い記載したもの
適用額明細書（該当する場合のみ）	受取配当金の益金不算入など，法人税法上の特別措置を受ける場合に提出するもの
出資関係図（該当する場合のみ）	内国法人が，その内国法人との間に完全支配関係がある他の法人を有する場合に提出するもの

●——申告書における別表の仕組み

法人税の確定申告を行うにあたっては，一定の様式に沿って書類を作成する必要があります。この書類の様式を別表といいます。別表には多くの種類がありますが，別表一から別表五(二)までの5つの別表は，どの会社でも作成しなければならない基本的なものです。

図表14-6　主な別表の種類と内容

別表の種類	内　容
別表一(一)	各事業年度の所得に係る申告書
別表二	同族会社等の判定に関する明細書
別表四	所得の金額の計算に関する明細書（簡易様式）
別表五(一)	利益積立金及び資本金等の額の計算に関する明細書
別表五(二)	租税公課の納付状況等に関する明細書

別表四は，損益計算書に掲げた当期純利益の額または当期純損失の額をもととして，申告調整により税務計算上の所得金額もしくは欠損金額または留保金額を計算するために使用します。いわば，法人税法における損益計算書ともいえるものです。別表四はまた，所得金額を計算するとともに，調整項目を社内留保と社外流出に区分することによって，社内留保された金額を計算する仕組みになっています。この別表四で課税所得を計算し，別表一で法人税額を計算します（別表四については155頁のひな型（図表14-9）を参照してください）。

　法人税法の税率は図表14-7のとおりです。

図表14-7　法人税率

法人の種類		所得金額		税率
普通法人	大法人	―		23.4%
	中小法人	年800万円以下の金額		15%
		年800万円超の金額		23.4%
協同組合		年800万円以下の金額		15%
		年800万円超の金額		19%
公益法人	公益社団法人等	原則		非課税
		収益事業による所得	年800万円以下の金額	15%
			年800万円超の金額	19%
	収益事業課税の一般社団法人等	原則		非課税
		収益事業による所得	年800万円以下の金額	15%
			年800万円超の金額	23.4%
	全所得課税の一般社団法人等	年800万円以下の金額		15%
		年800万円超の金額		23.4%
人格のない社団		原則		非課税
		年800万円以下の金額		15%
		年800万円超の金額		23.4%
公共法人		―		非課税

　別表五(一)は，別表四で計算された社内留保の金額（利益積立金額）の期中における変化を記録し，期末の利益積立金額を計算するためのものです。資本金等の移動も記録されるため，法人税法における貸借対照表ともいえます。

　別表五(二)は，当期の税金の発生と納付をどのような経理処理で行ったのか，期末時点でどれだけの未納額があるのかといったことを明らかにするとともに，

納税充当金の増減を記録して申告調整の対象となる金額を明らかにするためのものです。通常は総勘定元帳を基礎として作成されます。

●──地方法人税，法人住民税，法人事業税の申告

　法人税の確定申告を行うのと同時期に，地方法人税，法人住民税，法人事業税の申告も行います。国税である地方法人税は，法人税額を課税標準として4.4％の税率で課されています（平成29年４月１日より開始する事業年度からは税率10.3％に引き上げられます）。地方法人税の申告は法人税申告書の別表一において法人税と合わせて行い，納付も税務署に対して行います。

　地方税である法人住民税や法人事業税の課税標準となる所得の範囲および金額の算定は基本的に法人税の取り扱いに準じますが，法人住民税については法人の所得について課される税金のほかに，法人の資本金額や従業員の数を課税標準とした**均等割**も含まれ，制限税率の範囲内で各都道府県や市町村ごとに定められています。

　また，法人事業税については資本金１億円超の法人を対象とした**外形標準課税**が行われます。これは，所得金額を課税標準とした所得割のほかに，収益配分額（報酬給与額と純支払利子，純支払賃借料，単年度損益の合計）を課税標準とした**付加価値割**，資本金等の額を課税標準とした**資本割**の３つの合計額を課税するというものです。

　法人住民税や法人事業税に均等割や外形標準課税が採用される理由は，企業も行政サービスを受けている以上，企業が黒字であっても赤字であっても平等に費用を負担するべきであるとの考えに基づいています。もしこれらの税金が完全に所得額に基づいて課税されるとすると，儲けが出ていない企業は払わなくてよいということになってしまいます。そこで，このような均等割や外形標準課税が導入されました。

　それぞれの税額の算定式は**図表14-8**のとおりです。

　なお，地方税の税率についてはその所在する地方自治体や事業規模により異なることがあります。詳しくは各自治体のHPなどを見てください。また，税率が変更されることも多いので注意してください。

図表14-8　地方法人税，法人住民税，法人事業税の税額の計算

（平成28年度）

地方法人税額	法人税額×地方法人税率(4.4％)	
法人住民税額	都道府県民税	法人税額×住民税率(3.2％)＋均等割[※1] （制限税率4.2％）
	市町村民税	法人税額×住民税率(9.7％)＋均等割[※2] （制限税率12.1％）
法人事業税額	資本金１億円以下の法人…所得×法人事業税率[※3] 資本金１億円超の法人…所得割額＋付加価値割額＋資本割額	

※１　資本金等の額に応じて金額が定められています。
※２　資本金等の額および従業員数に応じて金額が定められています。
※３　所得のうち年400万円以下の金額3.4％，
　　　所得のうち年400万円超800万円以下の金額5.1％
　　　所得のうち年800万円超の金額6.7％

●──申告書の提出と納付

　会社は原則として，各事業年度が終了した日の翌日から２ヵ月以内に，税務署長に対して確定した決算に基づいて確定申告書を提出しなければなりません。

　事業年度が６ヵ月を超える場合には，その事業年度の開始の日以降６ヵ月を経過した日から２ヵ月以内に中間申告書を提出しなければなりません。この**中間申告**には前年度実績による予定申告と仮決算による中間申告の２つの方法があり，いずれかを選択することができます。

　また，申告書の提出期限は，次のような場合に**申告期限の延長**の申請をすることにより，延長が認められます。ただし，申請は期限内に行わなければなりません。

(1)　会計監査人の監査を受けなければならない場合や定款により事業年度終了の日から３ヵ月以内に株主総会を開催する旨を定めている場合などの理由によって決算が確定しないとき（１ヵ月間の延長が可能）

(2)　特別の事情により各事業年度終了の日から３ヵ月以内に株主総会に定時総会が招集されないことのほか，やむを得ない事情があると認められる場合（税務署長が指定する月数の期間の延長が可能）

(3)　災害等により決算が確定しない場合（災害等の理由がやんだ日から２ヵ月以内の延長が可能）

図表14-9　別表四（簡易様式）

所得の金額の計算に関する明細書（簡易様式）

事業年度：　・　・
法人名：

別表四（簡易様式）

区分		総額	処分		
			留保	社外流出	
		①	②	③	
当期利益又は当期欠損の額	1	円	円	配当	円
				その他	
加算	損金経理をした法人税及び地方法人税（附帯税を除く。）	2			
	損金経理をした道府県民税（利子割額を除く。）及び市町村民税	3			
	損金経理をした道府県民税利子割額	4			
	損金経理をした納税充当金	5			
	損金経理をした附帯税（利子税を除く。）、加算金、延滞金（延納分を除く。）及び過怠税	6			その他
	減価償却の償却超過額	7			
	役員給与の損金不算入額	8			その他
	交際費等の損金不算入額	9			その他
		10			
	小計	11			
減算	減価償却超過額の当期認容額	12			
	納税充当金から支出した事業税等の金額	13			
	受取配当等の益金不算入額（別表八（一）「13」又は「26」）	14			※
	外国子会社から受ける剰余金の配当等の益金不算入額（別表八（二）「26」）	15			※
	受贈益の益金不算入額	16			※
	適格現物分配に係る益金不算入額	17			※
	法人税等の中間納付額及び過誤納に係る還付金額	18			
	所得税額等及び欠損金の繰戻しによる還付金額等	19			※
		20			
	小計	21			外※
仮計 (1)+(11)-(21)		22			外※
関連者等に係る支払利子等の損金不算入額（別表十七（二の二）「25」又は「30」）		23			その他
超過利子額の損金算入額（別表十七（二の三）「10」）		24	△		※ △
仮計 (22)から(24)までの計		25			外※
寄附金の損金不算入額（別表十四（二）「24」又は「40」）		26			その他
法人税額から控除される所得税額（別表六（一）「6の③」）		29			その他
税額控除の対象となる外国法人税の額（別表六（二の二）「7」）		30			その他
合計 (25)+(26)+(29)+(30)		33			外※
契約者配当の益金算入額（別表九（一）「13」）		34			
非適格合併又は残余財産の全部分配等による移転資産等の譲渡利益額又は譲渡損失額		36			※
差引計 (33)+(34)+(36)		37			外※
欠損金又は災害損失金等の当期控除額（別表七（一）「4の計」＋（別表七（二）「9」若しくは「21」又は別表七（三）「10」））		38			※ △
総計 (37)+(38)		39			外※
新鉱床探鉱費又は海外新鉱床探鉱費の特別控除額（別表十（三）「43」）		40	△		※ △
残余財産の確定の日の属する事業年度に係る事業税の損金算入額		46		△	
所得金額又は欠損金額		47			外※

法　0301—0402

㊟

◉──グループ法人税制

　これは，100％資本関係のある会社のグループを1つの会社とみなして法人税を課税しようとするものです。会社がグループとして一体的に運営されているという状況を反映するために導入されました。この**グループ法人税制**は，100％支配関係のグループ内法人すべてに強制適用されます。

　グループ法人税制においては，100％グループ内の内国法人間で行った一定の資産（1,000万円以上）の移転により生ずる譲渡損益は，申告調整により繰り延べられ，その資産がグループ外へ移転された時点で益金または損金の額に算入します。

　また，グループ内の法人間の寄附金は内部取引であるので，支払額は全額損金不算入とし，受取額は全額益金不算入とすることにより，双方に課税関係を生じさせないようにします。

　完全子会社法人などの受取配当金については，二重課税を排除するために負債控除は行われず，全額益金不算入となります。

第15章

消費税等の申告と納付

> **本章の業務フローに関係する主な会計記録（仕訳）**
>
> 1. 決算において消費税額が確定した（税抜処理）
>   （借）仮受消費税等　×××　　（貸）仮払消費税等　×××
>   　　　租　税　公　課　×××　　　　未払消費税等　×××
> 2. 消費税等の申告を行い，消費税額を納付した
>   （借）未払消費税等　×××　　（貸）普　通　預　金　×××

　前章では，法人税等の申告と納付を確認しましたが，会社の活動における日々の取引では，消費税も重要となります。消費税では，日々の取引において，消費税の課される取引と消費税の課されない取引（非課税・不課税）を区分する必要があるので，さまざまな業務で注意が必要になります。

1　会社に関係する法人税等以外の税金

　日本には数多くの税金があります。前章で説明した法人税等以外にも，多くの税金が会社の業務に関わってきます。たとえば，工場の土地や建物には，固定資産税が課されます。さらに，自動車を利用する会社では，自動車税，自動車重量税，自動車取得税，軽油引取税等を考慮する必要があります。ほかにも，会社自体が課税されなくても，従業員の給料計算では，支払額の算出のため所得税の源泉徴収の計算等も必要になります。

　このように，会社の業務において関係する税金は多岐にわたります。このうち，本章では，実務的にも重要となる消費税を取り上げます。消費税は毎年税金を計算し納付するという業務だけでなく，日々の取引ごとに消費税の課税の有無を考慮する必要があります。このため，営業の業務であっても，消費税を加えた金額を請求するかなど，多くの業務において最低限の知識が求められます。

2　消費税の意味

◉――消費税の概要

　消費税は,「消費」に対して,広く,公平に,負担を求める税金であるとされ,一定の非課税となるものを除く,ほとんどの資産の譲渡等に対して課税されるものです。消費税は,消費者により負担されることを想定していますが,個々の消費者から直接納税を求めるものではなく,資産の譲渡等をした事業者を納税義務者としています（いわゆる間接税）。つまり,事業者が販売価格に消費税相当の金額を付加することにより,消費者に消費税等相当を転嫁することで負担を消費者に移転する税金ということになります。

　このため,会社では,資産の販売やサービスの提供を行った場合には,事業者として消費税を納付する義務が生じます。また,消費税では,前段階控除方式という方法が採用されており,資産の譲渡等を行った事業者は,**図表15-1**のように,その前段階までの消費税相当額を**仕入税額控除**として控除することができます。このため,会社では,仕入や売上等の取引ごとに消費税の課税の有無や税率等を記録する必要が生じます。

◉――消費税等の課税の対象

　まず,消費税は,国税である消費税法に基づいて課税されます。この税率は,6.3%であり,8%ではありません。実は,**地方消費税**という税金があり,この税金は,地方税法の規定により課税され,1.7%分の課税が追加されています。このため,国税である消費税6.3%と地方消費税1.7%の合計として,8%の課税がされています。なお,10%への増税がされると,国税である消費税7.8%と地方消費税2.2%という税率の予定となっています。

　このように一般に消費税といわれる税金は,国税の消費税と地方消費税の合計となっていますが,ここからは表記の関係から両者を合わせたものを**消費税等**と表記します。

　消費税等は,国内取引か,国外取引か,輸入取引かなどにより,**図表15-2**のように区分され,課税の対象が決まります。

第15章 消費税等の申告と納付

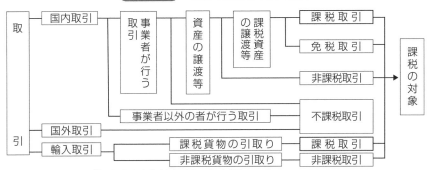

図表15-1 消費税の転嫁と前段階控除方式の概要

原材料業者A →	製造業者B →	小売業者C →	消費者
売上10,800	仕入10,800		
（消費税800）	（消費税800）		
	売上32,400	仕入32,400	
	（消費税2,400）	（消費税2,400）	
		売上54,000	商品54,000
		（消費税4,000）	（消費税4,000）
（申告）			↓
課税売上　800	2,400	4,000	申告不要
課税仕入　　0	800	2,400	⇒（実質的な負担者）
納付額　　800	1,600	1,600	合計4,000

図表15-2 課税の対象と取引の関係

出典：税務大学校『税大講本消費税法平成27年度版』11頁。

国内取引に関する課税の対象を整理すると，次のようになっています。

1．事業者が事業として行う取引であること
2．対価を得て行う取引であること
3．資産の譲渡，資産の貸付け，役務の提供（資産の譲渡等）であること

国内取引では，これらの要件を満たせば，消費税等の課税の対象となります。
当然ですが，日本の消費税等ですから，国外の取引には課税されません。ただし，保税地域から課税貨物を引き取る輸入取引には消費税等が課されますので，輸入を行う会社では注意をしてください。
消費税等の課税の対象について，いくつか簡単な例を用いて具体的に確認し

てみましょう。

　まず，事業者が事業として行う取引を課税の対象としているので，事業を行っていない個人による資産の譲渡等については，課税の対象になりません。たとえば，同じ中古車の販売でも，中古車業者の場合は課税の対象となりますが，事業者でない個人が友人に売却する場合には課税の対象となりません。

　次に，対価を得て行う取引であることとは，資産の譲渡等が反対給付を受けていることをいいます。このため，宝くじの賞金のように対価性のないものは消費税等の課税の対象にならないとされています。贈与等の場合にも対価性がないので課税の対象となりません。ただし，代物弁済や負担付贈与は，負担等を対価と考えることができるため，対価を得て行う取引とみなされます。

　それでは，損害賠償金を受け取った場合は，どうなるでしょうか。税の実務においては，勘定科目等で安易に結論を出すのは危険です。取引の性格等をよく考えてください。損害賠償金については，通常は対価性がないので課税の対象とはならないと考えられます。ただし，一定の場合には対価性があると考え課税の対象になるとされており，国税庁では図表15-3のように説明しています。

図表15-3　損害賠償金の取扱い

　心身又は資産に対して加えられた損害の発生に伴って受ける損害賠償金については，通常は資産の譲渡等の対価に当たりませんが，その損害賠償金が資産の譲渡等の対価に当たるかどうかは，その名称によって判定するのではなく，その実質によって判定すべきものとされています。

　したがって，例えば，次のような損害賠償金は，その実質からみて資産の譲渡又は貸付けの対価に当たり，課税の対象となります。
1　損害を受けた棚卸資産である製品が加害者に対して引き渡される場合において，その資産がそのまま又は軽微な修理を加えることによって使用することができるときにその資産の所有者が収受する損害賠償金
2　特許権や商標権などの無体財産権の侵害を受けた場合に権利者が収受する損害賠償金
3　事務所の明渡しが遅れた場合に賃貸人が収受する損害賠償金

出典：国税庁HP，http://www.nta.go.jp/taxanswer/shohi/6257.htm。

最後に、資産の譲渡等に該当しないものは消費税等の対象になりません。一般的な取引のほとんどは資産の譲渡等に該当すると思いますが、剰余金の配当のように株主や出資者としての地位に基づいて支払われるものは資産の譲渡等に該当しないため、課税の対象になりません。

●──消費税等の非課税と輸出免税

ここまで、消費税の課税等の対象となるものをみてきました。ここからは、非課税や輸出免税についてみていきましょう。

まず、用語の確認です。**非課税**というのは、消費という概念になじまないものや社会政策上の配慮から課税することが適当でないと考えられるものについて、消費税等を課さないとするものです。この非課税というは、課税の対象のうち、消費税等を課さない部分という構成になっています。そもそも課税の対象とならないもの（実務では、「不課税」という表現を用いる場合があります）とは、異なりますので注意してください。

非課税については、消費税法の別表一および別表二に列挙されています。その内容は、図表15-4のようになっています。

土地は消費できないと考えられるため非課税として扱われます。しかし、土地の貸付けであっても、貸付期間が1ヵ月に満たない場合は課税の対象となるとされています。また、建物や駐車場など施設の利用に付随して土地が使用される場合は消費税等の課税の対象になります。具体的には、駐車している車両の管理を行っている場合や、駐車場としての地面の整備またはフェンス、区画、建物の設置などをして駐車場として利用させる場合には、消費税等の課税の対象となるとされています。

また、消費税等は、国内において消費されるものに税負担を求めることとしているため、輸出して外国で消費されるものは消費税等を免除（**輸出免税**）することとしています。

免税は、消費税等を免除されているもので、消費税等を課さないとする非課税とも異なります。具体的な消費税等の計算では、輸出免税では仕入税額控除が受けられるのに対し、非課税では仕入税額控除を受けられません。また、課税売上割合の計算上の取り扱いも異なります。細かい概念的な内容ですが、輸出に関する業務に携わる場合は、よく確認してください。

図表15-4　消費税法における非課税

(1) 土地の譲渡及び貸付け
(2) 有価証券等の譲渡
(3) 支払手段の譲渡（銀行券，政府紙幣，小額紙幣，硬貨，小切手，約束手形などの譲渡）
(4) 預貯金の利子及び保険料を対価とする役務の提供等
(5) 郵便事業株式会社，郵便局株式会社などが行う郵便切手類の譲渡，印紙の売渡し場所における印紙の譲渡及び地方公共団体などが行う証紙の譲渡
(6) 商品券，プリペイドカードなどの物品切手等の譲渡
(7) 国等が行う一定の事務に係る役務の提供（例えば，登記，免許，許可，検査，検定，試験等）
(8) 外国為替業務に係る役務の提供
(9) 社会保険医療の給付等
(10) 介護保険サービスの提供
(11) 社会福祉事業等によるサービスの提供
(12) 助産（医師，助産師などによる助産に関するサービスの提供）
(13) 火葬料や埋葬料を対価とする役務の提供
(14) 一定の身体障害者用物品の譲渡や貸付け
(15) 学校教育
(16) 教科用図書の譲渡
(17) 住宅の貸付け

●——小規模事業者にかかる納税義務の免除

　消費税等における広く負担を求めるという性格からは，すべての事業者が納税義務を負うことが好ましいと考えられますが，小規模事業者には納税義務を免除することとされています。これは，小規模事業者の事務負担能力等を考慮したものと説明されています。

　具体的には，基準期間（基本的に，その事業年度の前々事業年度）の課税売上高が1,000万円以下である場合には，納税義務が免除されます。このように，基準期間の課税売上高を基準にすることで，その後の事業年度の消費税等の納税義務の有無があらかじめわかるようになっています。

なお，建物の建設や購入等により多額の課税仕入れが生じる場合等，課税売上げを上回る課税仕入れがある場合には，消費税等が還付されることになっています。しかし，納税義務が免除される事業年度においては，多額の課税仕入れが生じる場合でも，仕入税額控除を受けることができず，還付を受けることもできません。このような場合には，「消費税課税事業者選択届出書」を税務署に提出することで，仕入税額控除の適用を受けることができるようになり，還付を受けることができるようになります。この届出書は原則として，適用しようとする課税期間の開始の日の前日までに提出することが必要とされており，多額の課税仕入れが生じる可能性があるかどうかを事前に確認しておく必要があります。

　ちなみに，消費税等では，ほかにも「消費税課税事業者選択不適用届出書」，「消費税課税期間特例選択届出書」，「消費税簡易課税制度選択届出書」等，多くの届出書があり，これらの提出の有無や提出時期により，税額に大きな影響が生じる場合があります。税理士賠償訴訟も届出書関係の案件が多く，税の専門家でも判断が難しいものなので注意が必要です。

3　消費税の計算

●──非課税取引のない場合

　ここまで，どのような場合に消費税等が課税されるかをみてきました。消費税額がどのように計算されるかについて，次のような例を用いて，具体的にみていきましょう。

　事業者A（製造業者，簡易課税の届出はしていない）は，パイプ椅子の販売として，21,600,000円を売り上げ，このパイプ椅子用の材料仕入れ・加工の費用として9,720,000円を支払ったとします。

　この場合の消費税額は，次のように計算されます。なお，実際の申告書でも，国税である消費税と地方税である地方消費税とは，同じ申告書ですが別に計算する様式になっていますので，別々に計算することにします。

【消費税（国税）】

1　課税売上高　$21,600,000円 \times \dfrac{100}{108} = 20,000,000円$（千円未満切捨て）

$20{,}000{,}000 円 \times 6.3\% = 1{,}260{,}000 円$

2　仕入税額控除　$9{,}720{,}000 円 \times \dfrac{6.3}{108} = 567{,}000 円$

3　納付額　$1{,}260{,}000 円 - 567{,}000 円 = 693{,}000 円$（百円未満切捨て）

【地方消費税】

納付額　$693{,}000 円 \times \dfrac{17}{63} = 187{,}000 円$（百円未満切捨て）

● ──非課税取引のある場合

次に，非課税取引も行っている場合を考えてみましょう。

事業者B（製造業者，簡易課税の届出はしていない）が，パイプ椅子の販売として21,600,000円，車イス販売（非課税）として1,500,000円を売り上げ，パイプ椅子用の材料仕入れ・加工の費用として9,720,000円，車イス用材料仕入れ・加工の費用として864,000円を支払ったとします。

この場合は，非課税取引が含まれています。非課税売上がある場合には，**個別対応方式か一括比例配分方式**により仕入税額控除の金額を計算します。この計算は，課税仕入れにかかる消費税額のうち課税売上げにかかる消費税額部分を計算するものです。なお，その課税期間中の課税売上高が5億円以下，かつ，課税売上割合が95％以上である場合には，課税仕入れにかかる消費税額の全額を控除できます。

また，個別対応方式と一括比例配分方式の選択は，いずれか有利な方法を選択できます。ただし，一括比例配分方式を選択した場合には，2年間以上継続して適用した後でなければ個別対応方式に変更できないとされています。

【消費税（国税）】

1　課税売上高　$21{,}600{,}000 円 \times \dfrac{100}{108} = 20{,}000{,}000 円$（千円未満切捨て）

$20{,}000{,}000 円 \times 6.3\% = 1{,}260{,}000 円$

2　仕入税額控除

　(1)　個別対応方式　$9{,}720{,}000 円 \times \dfrac{6.3}{108} = 567{,}000 円$

　(2)　一括比例配分方式

① パイプ椅子税抜価格 = $21,600,000円 \times \dfrac{100}{108} = 20,000,000円$

② 課税売上割合 = $\dfrac{20,000,000円}{20,000,000円 + 1,5000,000円} = 93\%$

③ $(9,720,000円 + 864,000円) \times \dfrac{6.3}{108} \times ② = 574,325円$

　(3)　(1)＜(2)　　　　∴574,325円

3　納税額　1,260,000円 − 574,325円 = 685,675円

∴685,600円（百円未満切捨て）

【地方消費税】

納税額　$685,600円 \times \dfrac{17}{63} = 185,003円$　　∴185,000円（百円未満切捨て）

●──簡易課税制度による計算

　続いて，**簡易課税制度**の計算もみてみましょう。簡易課税制度とは，基準期間の課税売上高が5,000万円以下で，簡易課税制度の適用を受ける旨の届出書を事前に提出している事業者については，実際の課税仕入れの税額を計算することなく，課税売上高に基づいて仕入税額控除の計算を行うことができる制度です。課税売上げの記録のみで消費税額の計算が可能になるので，仕入関係の消費税の記録が不要になり簡易な計算が行うことができると説明されています。

　事業者C（製造業者（みなし仕入率70％），簡易課税制度の選択を届け出ている）が，パイプ椅子の販売として21,600,000円，車イスの販売として1,500,000円を売り上げ，パイプ椅子用の材料仕入れ・加工の費用として9,720,000円，車イス用の材料仕入れ・加工の費用として864,000円を支払ったとします。

【消費税（国税）】

1　課税売上高　$21,600,000円 \times \dfrac{100}{108} = 20,000,000円$（千円未満切捨て）

　　　　　　　20,000,000円 × 6.3％ = 1,260,000円

2　仕入税額控除（簡易課税）1,260,000円 × 70％ = 882,000円

　（参考）原則による仕入税額控除（事業者Bの場合を参照）　574,325円

　　→　この場合，簡易課税選択の届出を提出していないと仕入税額控除が小

さくなり，当期の消費税の納付額が多くなります。しかし，簡易課税制度の選択は2年間変更がきかないので，この間に，高額な課税仕入れ（建物の建設や購入等）が生じないか事前に事業計画等を確認する必要があります。

3　納税額　1,260,000円 − 882,000円 = 378,000円（百円未満切捨て）

【地方消費税】

納税額　$378,000円 \times \dfrac{17}{63} = 102,000円$（百円未満切捨て）

●──帳簿等の保存

簡単な消費税額の計算を確認しました。このように消費税額の計算上，課税仕入れにかかる消費税を仕入税額控除とするためには，その事実を記録した帳簿および課税仕入れの事実を証明する請求書を保存する必要があります。そして，これらの帳簿等は7年間，納税地等に保存することとされています。

4　消費税の申告と納付

消費税等はさまざまな業務に関連しますが，消費税額の具体的な計算等は経理部等が行い，税金の支払いは財務部等で行われることになります。まず，経理部等では，日々の経理処理が行われます。消費税等の経理処理については，**税込処理**と**税抜処理**があり，いずれを選択するかは事業者の任意とされています。また，税抜処理については，取引の都度行うことが原則とされていますが，事業年度終了の時において一括して行う方法（期末一括税抜経理方式）によることも認められています。なお，平成33年4月からは，**インボイス方式**（正式には，**適格請求書等保存方式**といいます）が導入されることになっています。インボイス方式では，基本的に消費税額等を記載したインボイス（適格請求書）を保存しているもののみ仕入税額控除が受けられるという制度になります。

こうした消費税等に関する日々の経理処理に基づき，第3節で説明した消費税額の計算が行われます。消費税は，課税期間ごとに確定申告書の提出と確定申告書に記載された消費税額の納付が求められますが，直前の課税期間の確定消費税額の金額によっては，図表15-5の回数の中間申告書の提出と消費税額

図表15-5　消費税等の中間申告が求められる回数

直前の課税期間の消費税額（地方消費税額込み）	48万円以下（60万9,500円以下）	48万円超（60万9,500円超）	400万円超（507万9,300円超）	4,800万円超（6,095万2,300円超）
中間申告の回数	中間申告不要	年1回	年3回	年11回

　消費税等では，課税期間ごとに，課税期間の末日の翌日から2ヵ月以内に，所轄税務署長に確定申告書を提出するとともに，その申告にかかる消費税額を納付しなければならないとされています。また，中間申告が求められる場合には，直前の課税期間の確定消費税額を基礎とする方法と仮決算による方法のいずれかにより計算した金額により中間申告を行うこととされており，中間申告対象期間の末日の翌日から2ヵ月以内に中間申告書を提出し，その申告にかかる消費税額を納付しなければなりません。

　たとえば，決算日（課税期間の末日）が3月31日で，中間申告が年1回であれば消費税の申告書の提出は次の図表15-6のスケジュールとなります。

図表15-6　消費税等の申告書の提出に関するスケジュール

第16章

企業集団と連結財務諸表

本章の業務フローに関係する主な会計記録（仕訳）

1. 投資と資本の相殺消去
   (借)資　本　金　×××　(貸)子会社株式　×××
2. 連結会社間の取引消去
   (借)売　上　高　×××　(貸)売 上 原 価　×××
3. 連結会社間の債権債務消去
   (借)買　掛　金　×××　(貸)売　掛　金　×××

　有価証券報告書では「1．企業の概況」「2．事業の状況」「3．設備の状況」を連結グループで記載することになっており，「5．経理の状況」では，連結財務諸表，個別財務諸表の順で開示されます。かつては，有価証券報告書は個別財務諸表を中心に開示されていましたが，平成12年3月期から現在のような連結主体の開示となりました。このように個別財務諸表以上に重要視されている連結財務諸表について，その基本的な考え方を本章で学習します。

1　企業集団と連結財務諸表の意味

●──企業集団とは

　企業集団とは，支配従属関係にある2つ以上の企業からなる集団のことをいいます。簡単にいうと，親会社とその子会社の集まりのことです。

　「『**親会社**』とは，他の会社等の財務及び営業又は事業の方針を決定する機関（株主総会その他これに準ずる機関をいいます（以下，「意思決定機関」といいます））を支配している会社等をいい，『**子会社**』とは，当該他の会社等をいう」とされています（財務諸表等規則8条3項）。簡単にいうと，他の会社の意思決定機関（株式会社の場合には株主総会）を支配している会社が親会社であり，支配されている会社は子会社ということです。

親会社の立場で考えた場合，実際に他の会社が子会社に該当するか否かは，基準に沿った支配力の判定が必要ですが，大まかには議決権の過半数を所有している会社は子会社に該当すると考えてください。

◉──連結財務諸表とは

　企業会計基準委員会が公表している企業会計基準第22号「連結財務諸表に関する会計基準」では，「**連結財務諸表**は，支配従属関係にある２つ以上の企業からなる集団（企業集団）を単一の組織体とみなして，親会社が当該企業集団の財政状態，経営成績及びキャッシュ・フローの状況を総合的に報告するために作成するものである」とされています。

　簡単にいうと，連結財務諸表とは，連結グループ（親会社と子会社）をまとめて１つの会社であると考えた場合の財務諸表です（以下，連結グループをまとめて１つの会社であるとする考え方を「連結ベース」といいます）。

　連結財務諸表が重要視されている理由は，個別財務諸表だけでは，たとえば子会社に重要な赤字会社があるような状況は把握できず，利害関係者が意思決定を誤る可能性があることや，子会社を利用した利益操作が可能となることなどがあります。これに対して，連結財務諸表は，連結グループ会社のすべてをまとめた財務諸表であるため，赤字の子会社も含んだグループ全体の経営成績等を把握できますし，子会社を利用した利益操作も，連結ベースでは当該取引はなかったこととして調整されることになります。

　図表16-１に，親会社と子会社の間で取引や債権債務がない場合を前提とした簡単な例を記載しました。これをみると，連結財務諸表は，基本的には連結グループ内の各社の貸借対照表や損益計算書を足し算すればいいということがわかります。

　ただし，親会社貸借対照表の子会社株式と子会社貸借対照表の資本金は足されていません。これは，連結ベースで考えた場合に，連結グループ各社の財務諸表を単純に足しただけでは正しい金額にならない箇所を調整しているからです。その内容はあとの第３節で説明します。

図表16-1　連結イメージ

〈親会社〉

貸借対照表

現金預金	150	買掛金	150
売掛金	200	借入金	150
備品	400	資本金	100
子会社株式	50	利益剰余金	400
合計	800	合計	800

損益計算書

売上原価	600	売上高	1,000
当期純利益	400		

〈子会社〉

貸借対照表

現金預金	60	買掛金	50
売掛金	70		
		資本金	50
		利益剰余金	30
合計	130	合計	130

損益計算書

売上原価	100	売上高	130
当期純利益	30		

⬇

〈連結財務諸表〉

貸借対照表

現金預金	210	買掛金	200
売掛金	270	借入金	150
備品	400	資本金	100
		利益剰余金	430
合計	880	合計	880

損益計算書

売上原価	700	売上高	1,130
当期純利益	430		

2　連結財務諸表の作成手順

実際に連結財務諸表を作成するには，図表16-2のような作業を行います。

図表16-2　連結財務諸表の作成手順

以下で各作業の内容を説明しますが，基本的には「足して引く」というイメージをもって読んでください。前節で説明したとおり，連結財務諸表は連結グループ各社の財務諸表を足し算して（足して），足し算だけでは正しい金額にならない箇所を調整して（引いて）作成しますので，何が足されていて，何を引くべきか（どのような調整をすべきか）という考え方が連結を理解する上では重要となるからです。

●──子会社等の財務情報の収集

連結グループ各社の財務諸表を「足す」ために各社の財務諸表が必要となります。また，足し算だけでは正しい金額にならない箇所について調整（「引く」）するための情報が必要となります。これらの情報は，親会社が子会社へ報告様式を送付し，送付された報告様式に子会社が情報を記入して返送することにより収集することが一般的です。当該報告様式は，通常「連結パッケージ」といいます。収集する情報は各社の状況により異なりますが，次のようなものが考えられます。

(1)　貸借対照表，損益計算書，株主資本等変動計算書などの財務諸表
(2)　連結グループ会社との取引の明細
(3)　連結グループ会社との債権債務の明細
(4)　固定資産の増減明細
(5)　有価証券に関する情報（増減明細，期末時価評価の情報等）

(6) 税効果に関する情報（繰延税金資産・負債の明細，税率差異の分析資料等）
(7) 借入金に関する情報（増減明細，返済予定表等）

親会社では，子会社から入手した情報の前期比較分析や各種情報間の整合性チェックを行い，誤りがないことを確認します。

◉──単純合算（足す過程）

連結財務諸表は連結グループ各社の財務諸表を足し算して，必要な調整を行い作成すると説明しました。これらの作業を具体的に行う集計表のことを**連結精算表**といいます（図表16-3参照）。

図表16-3　連結精算表

←── 単純合算 ──→ ←── 連結消去 ──→

勘定科目	親会社	子会社	合計	投資と資本の相殺消去	取引消去	未実現利益の消去	債権債務消去	連結
現金預金	150	60	210					210
売掛金	200	70	270					270
備品	400		400					400
子会社株式	50		50	(50)				0
資産計	800	130	930	(50)	0	0	0	880
買掛金	(150)	(50)	(200)					(200)
借入金	(150)		(150)					(150)
負債計	(300)	(50)	(350)	0	0	0	0	(350)
資本金	(100)	(50)	(150)	50				(100)
利益剰余金	(400)	(30)	(430)			0		(430)
純資産計	(500)	(80)	(580)	50	0	0	0	(530)
負債・純資産合計	(800)	(130)	(930)	50	0	0	0	(880)
売上高	(1,000)	(130)	(1,130)					(1,130)
売上原価	600	100	700					700
当期純利益	(400)	(30)	(430)	0	0	0	0	(430)

注：( )は貸方金額

連結精算表で，親会社の財務諸表および子会社から収集した財務諸表の足し算をすることを**単純合算**といいます。単純合算は言葉のとおり，連結グループ各社の財務諸表を同じ勘定科目ごとに単純に足し算するだけの作業です。

ただし，連結会社間で会計方針が統一されていない場合には会計方針を統一

するための修正処理を行う，連結会社間で同様の事象について異なる勘定科目を使用している場合には同一の勘定科目に統一する，在外子会社の財務諸表を円貨に換算するなどの作業も必要となります。

●──連結消去（引く過程）

　連結ベースで考えた場合に，単純合算しただけでは正しい金額にならない箇所を調整することを連結消去（連結調整）といい，そのための仕訳を**連結消去仕訳**（連結調整仕訳）といいます。

　たとえば親会社から子会社へ貸し付けを行っている場合，親会社の貸借対照表には貸付金が，子会社の貸借対照表には借入金が計上され，これらを単純合算すると連結精算表には貸付金と借入金が計上されることになります。しかし，連結ベースで考えれば，親会社から子会社への貸し付けは，お金の保管場所が親会社から子会社に移動しただけであり，同一会社内での単なる資金移動（単体で考えれば本店から支店へ資金移動したのと同じこと）ということになりますので，連結貸借対照表に貸付金や借入金が計上されていると正しい金額にならないことになります。

　そこで，「（借）借入金×××（貸）貸付金×××」という連結消去仕訳で調整することにより，連結貸借対照表では親子会社間の貸付金・借入金の金額がなくなることになります。なお，連結消去仕訳については，次節でもう少し詳しく説明します。

●──連結財務諸表（開示書類）の作成

　連結精算表は親会社の試算表と同じ勘定科目で作成されることが一般的です。そのため連結財務諸表の開示科目に応じて試算表の科目を集約する必要があります。

　また，注記情報を作成するため，場合によっては連結精算表とは別に，連結グループ各社の財務情報を集計（単純合算）し，連結消去仕訳で調整した箇所については注記情報にも調整を反映する必要があります。

3 連結消去仕訳

　実際に連結財務諸表を作成する場合，状況によって必要となる連結消去仕訳は異なりますが，以下で主な連結消去仕訳とその内容を説明します。なお，連結消去仕訳の金額は「図表16-8 連結精算表」を前提にしたものであり，勘定科目の後ろの（　）は，どの会社で計上されているものかを記載しています。

●──投資と資本の相殺消去

　親会社から子会社への出資は，連結ベースで考えると同一会社内での資金の移動であるため，連結ベースでは仕訳は不要となりますが，単純合算をした結果，連結精算表の合計欄では親会社の子会社株式と子会社の資本金が計上されることになります。そのため，これらを消去する調整を行うことになります。
（連結消去仕訳）

　　（借）資本金（子会社）　　　　　50　　（貸）子会社株式（親会社）　　　　　50

●──連結会社間の取引消去

　親会社から子会社への売上は，連結ベースで考えると同一会社内での商品の移動であるため連結ベースでは仕訳は不要となりますが，単純合算をした結果，連結精算表の合計欄では親会社の売上高と子会社での売上原価が計上されることになります。そのため，これらを消去する調整を行うことになります。
（連結消去仕訳）

　　（借）売上高（親会社）　　　　　100　　（貸）売上原価（子会社）　　　　　100

　取引消去は「連結」という考え方を理解するために特に重要ですので，簡単な例で説明します。
　図表16-4の取引例のように，連結グループ外部から親会社が商品を仕入れ，それを子会社に販売し，子会社が連結グループ外部へ販売するとした場合，親会社単体，子会社単体，単純合算，連結ベースでの損益計算書は図表16-5のようになります。

第16章　企業集団と連結財務諸表　175

図表16-4　取引例

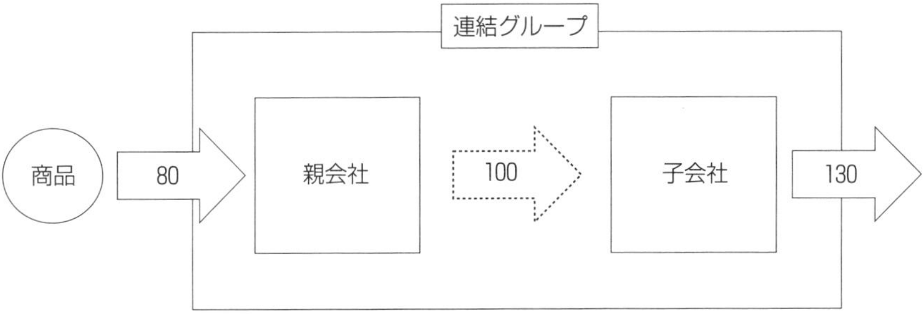

商品 →80→ 親会社 ⇢100⇢ 子会社 →130→
（連結グループ：親会社と子会社を囲む）

図表16-5　個別損益計算書と連結損益計算書の関係

〈損益計算書〉

	親会社単体	子会社単体	単純合算	連結ベース	差額
売上高	100	130	230	130	100
売上原価	80	100	180	80	100
売上総利益	20	30	50	50	0

　連結ベースでは，図表16-4の連結グループで囲った範囲を１つの会社として考えますので，実線矢印の取引だけが連結損益計算書に反映されればいいことになります。したがって，連結ベースの金額は，売上高は子会社が連結グループの外に売った金額130，売上原価は親会社が連結グループの外から仕入れた金額80になるはずです。しかし，図表16-5のとおり，親会社と子会社の損益計算書を単純合算した金額と連結ベースの金額では差額100が生じています。

　この差額100は，図表16-4の点線矢印の親会社から子会社への売上取引に対応するものです。これは，親会社から子会社への売上は親会社単体および子会社単体では計上しますが，連結ベースでは計上すべきではないものであるからです。

　連結財務諸表の作成手順では，まず連結会社の財務諸表を単純合算しますので，単純合算作業が終わった時点では，差額分だけ売上高と売上原価が過大に計上されている状況となります。そのため，過大に計上されている分（図表16-5の差額部分）を連結消去仕訳で調整（消去）することが必要となります。

なお，ここでは売上・仕入取引について説明しましたが，利息の授受や手数料の支払い，資産の売買，経営指導料の授受などの連結会社間での取引についても連結消去仕訳で調整する必要があります。

◉──未実現利益の消去

連結会社間での取引に関連して発生した利益のうち，連結ベースで考えたときにまだ利益として計上すべきでない部分（未だ実現していない利益であるため，「**未実現利益**」といいます）を消去するための調整を行うことがあります。

未実現利益の消去についてのイメージをもってもらうために，簡単な例で説明します。

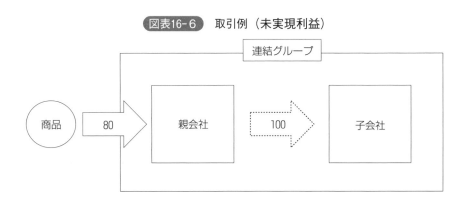

図表16-6　取引例（未実現利益）

これは取引消去の説明で使用した**図表16-4**の取引例のうち，子会社から連結グループの外への売上がない状況です。この場合，親会社単体，子会社単体，単純合算，連結ベースでの損益計算書および親会社単体，子会社単体，連結ベースでの貸借対照表の商品は次のようになります。

取引消去と同様に考えると，連結ベースでは売上がないため，連結ベースの損益計算書では売上も売上原価もゼロとなります。一方，親会社が外部から仕入れた商品80が連結グループ内に残っているため，貸借対照表に商品が80計上されることになります。

しかし，**図表16-7**のとおり，単純合算では親会社の売上高100，売上原価80，子会社の商品100が計上されており，連結ベースでの金額と差額が生じて

図表16-7 個別財務諸表と連結財務諸表の関係

〈損益計算書〉

	親会社単体	子会社単体	単純合算	連結ベース	差額
売上高	100	0	100	0	100
売上原価	80	0	80	0	80
売上総利益	20	0	20	0	20

〈貸借対照表〉

	親会社単体	子会社単体	単純合算	連結ベース	差額
商品	0	100	100	80	20

います。この差額のうち商品に関する20が未実現利益であり，内容は親会社が子会社へ商品を販売したときの売上総利益です。

上記の差額を調整するため，次の連結消去仕訳が考えられます。

(借) 売上高 (親会社) 100 　(貸) 売上原価 (親会社) 80
　　　　　　　　　　　　　　　　商 品 (子会社) 20

ただし，実務上は，売上高と売上原価を取引消去仕訳で同額相殺消去し，未実現利益分だけ相殺消去しすぎている売上原価と商品を調整するという，2段階での連結消去仕訳を作成することが一般的です。

(連結消去仕訳)
取引消去仕訳

(借) 売上高 (親会社) 100 　(貸) 売上原価 (親会社) 100

未実現利益消去仕訳

(借) 売上原価 (親会社) 20 　(貸) 商 品 (子会社) 20

● ── 連結会社間の債権債務消去

連結グループ会社間の債権債務は，連結ベースで考えると同一会社内の，たとえば本支店間での債権債務のようなものであるため，貸借対照表に表示すべきではないものです。そのため連結グループ会社間の債権と債務を相殺消去する調整を行うことになります。

(連結消去仕訳)

(借) 買掛金（子会社） 10	(貸) 売掛金（親会社）	10
(借) 親会社借入金（子会社） 20	(貸) 子会社貸付金（親会社）	20

図表16-8　連結精算表

←─── 単純合算 ───→　←─── 連結消去 ───→

勘定科目	親会社	子会社	合計	投資と資本の相殺消去	取引消去	取引消去（未実現）	未実現利益の消去	債権債務消去	連結
現金預金	150	60	210						210
売掛金	180	70	250					(10)	240
商品		100	100				(20)		80
建物	100		100						100
機械装置	100	20	120						120
土地	200		200						200
子会社株式	50		50	(50)					0
子会社貸付金	20		20					(20)	0
資　産　計	800	250	1,050	(50)	0	0	(20)	(30)	950
買掛金	(150)	(150)	(300)					10	(290)
借入金	(150)		(150)						(150)
親会社借入金		(20)	(20)					20	0
負　債　計	(300)	(170)	(470)	0	0	0	0	30	(440)
資本金	(100)	(50)	(150)	50					(100)
利益剰余金	(400)	(30)	(430)				20		(410)
純　資　産　計	(500)	(80)	(580)	50	0	0	20	0	(510)
負債・純資産合計	(800)	(250)	(1,050)	50	0	0	20	30	(950)
売上高	(1,000)	(400)	(1,400)		100	100			(1,200)
売上原価	700	300	1,000		(100)	(100)	20		820
売上総利益	(300)	(100)	(400)		0	0	20		(380)
販管費	100	60	160						160
営業利益	(200)	(40)	(240)				20		(220)
税引前利益	(200)	(40)	(240)		0	0	20		(220)
法人税等	70	14	84						84
当期純利益	(130)	(26)	(156)	0	0	0	20	0	(136)

注：( ) は貸方金額。

4　持分法

　連結財務諸表では，関連会社に対する投資について，原則として持分法を適用することが必要です。

　関連会社とは，「会社等及び当該会社等の子会社が，出資，人事，資金，技術等の関係を通じて，子会社以外の他の会社等の財務及び営業又は事業の方針の決定に対して重要な影響を与えることができる場合における当該子会社以外の他の会社等をいう」とされています（財務諸表等規則8条5項）。簡単にいうと，他の会社の経営方針等に重要な影響を与えることができる場合には，関連会社であるということです。

　実際に関連会社に該当するか否かは，基準に沿った影響力の判定が必要ですが，大まかには，議決権の20％以上を所有している会社は関連会社に該当すると考えてください。

　「**持分法**」とは，「投資会社が被投資会社の資本及び損益のうち投資会社に帰属する部分の変動に応じて，その投資の額を連結決算日ごとに修正する方法をいう」とされています（企業会計基準第16号「持分法に関する会計基準」4項）。

　簡単にいうと，関連会社の当期純利益のうち，親会社の持分比率に応じた額を，連結財務諸表の関連会社株式と損益に計上するということです。損益への計上は，「持分法による投資利益」または「持分法による投資損失」という勘定科目で，営業外収益または営業外費用の区分に計上します。複数の関連会社がある場合には，持分法を適用したすべての関連会社の持分法による投資損益を一括して，「持分法による投資利益」または「持分法による投資損失」に計上することになります。

　持分法について詳細な説明は省略しますが，次に簡単な例を記載します。

　関連会社の当期純利益100，親会社の持分比率20％
（持分法仕訳）

　　（借）関 連 会 社 株 式　　　　20　　（貸）持分法による投資利益　　　　20

　　　　注：100×20％＝20

第17章

会社業務と監査

監査スケジュール例（3月決算の場合）

金融商品取引法に基づく公認会計士等による監査スケジュール例は，次の表のようになります。

			×1年度											×2年度		
			4月	5月	6月	7月	8月	9月	10月	11月	12月	1月	2月	3月	4月	5月	6月
財務諸表監査・レビュー	1	監査計画の策定				計画策定											
	2	監査・レビュー手続の実施					レビュー手続の実施		レビュー手続の実施		レビュー手続の実施				監査手続の実施		
	3	報告書の作成						レビュー報告書の作成		レビュー報告書の作成		レビュー報告書の作成				報告書の作成		
内部統制監査	1	全社的な内部統制の評価						整備状況評価	運用状況評価					ロールフォワード				
	2	業務プロセスの評価								整備状況評価		運用状況評価		ロールフォワード				
	3	監査報告書の作成														報告書の作成		

　会社における経理実務では，監査に対応することも必要となりますが，監査にはいくつかの種類があり，経理として対応すべき事項も異なってきます。また，法令等でスケジュールが決まっており，タイムリーに対応することも必要となります。本章では，監査の分類別にその概要を理解することで，経理業務との関わりを学習します。

1　監査の意味

●——監査の必要性

　現代の経済において，会社の諸活動は広範囲におよび，会社は多くの**利害関係者**（ステークホルダー）を有しており，社会的影響は大きいといえます。そのような状況で，誤った会社情報が利害関係者に提供されたらどうなるでしょうか。利害関係者は，誤った情報に基づいて行動してしまい，また，不健全な経営となっていることを知らずに行動してしまいます。結果として，真実の情

報に基づいて行った行動との乖離が発生し，損害を受ける場合もあるでしょう。

したがって，利害関係者に提供する情報，とりわけ，財務情報については，その情報が適正であることが，利害関係者にとって重要なことといえます。特に財務情報が重要となる理由は，主な会社活動が経済活動であるため，経済的影響を受ける利害関係者が多く存在するからです。

このように，会社経営には健全性が求められ，利害関係者に提供される財務情報は，適正である必要がありますが，多数存在する利害関係者が個別にそれらをチェックすることは，現実的ではありません。そこで，監査という仕組みを通じて，経営の健全性や財務情報の適正性を担保することが，会社に求められています。会社が自社に監査という仕組みを導入することが，健全な社会的存在としての役割を果たすことと同義といえるわけです。

●──監査の種類

監査の区分方法として，監査対象による区分と，監査実施者による区分があります。

監査対象による区分では，業務監査と会計監査に区分されます。業務監査とは，日々の業務に始まり，経営判断にいたるまでの会社活動を妥当性，適正性の観点でチェックするものです。たとえば，交際費の不当な使用がないか，などをチェックするものです。

一方，会計監査は，会社が作成，公表する会計情報が適正に会社の財産および損益の状況を示すものであるかをチェックするものです。

監査実施者による区分では，**監査役監査**，**内部監査人監査**，そして**会計監査人監査**に区分されます。実施者が，それぞれの立場，役割に基づいて監査を実施するものであるため，一言に監査といっても，方法や考え方に違いが出てくることになります。また，すべての会社にこの3種類の監査が導入されているわけではなく，会社の規模，適用される法規制等により，導入される監査が異なります。

株式取引市場に上場していない会社で規模もまだ大きくない会社であれば，監査役監査のみ導入されているケースが多く，上場している会社であれば，3種類の監査のすべてが導入されています。会社の社会的影響の大小は，会社をチェックする仕組みへの期待の大小となり，社会的影響の大きい会社の方が，

より高度かつ多面的な監査を求められることとなります。以下では，監査実施者別に説明をすすめていくことにします。

2　監査役監査

●──主な権限

　会社法上，取締役会設置会社および会計監査人設置会社において，監査役は株式会社の必須機関とされ，さらに，大会社（最終事業年度末における資本金の額が5億円以上または負債の総額が200億円以上の株式会社）であり，かつ株式譲渡について制限がない会社（株主総会等での承認が不要）では，監査役3名以上で構成される監査役会の設置が求められています。それら以外の会社類型では，監査役の設置は任意とされています。

　会社の規模等に応じた機関設計を求めることは，社会的影響の大きい会社に対しては，監視を強化するものです。

　監査役は株主総会で選任され，取締役の職務の執行を監査することが職務とされ，その範囲（対象）は，業務監査と会計監査となります。業務監査は，取締役の職務の執行が法令・定款を遵守して行われているかどうかを監査することとなります。なお，経営に関わる妥当性については，監査役監査の範囲とされておらず，適法性について，監査役は検討することとされています。

　また，会計監査として，計算書類およびその附属明細書を監査することが，会社法上求められています。会社が作成する事業報告およびその附属明細書についても監査した上で，定時株主総会の招集通知時（総会の2週間前）までに，監査役の監査報告が提供されます。

　監査役に付与されている法律上の主な権限は，次のとおりです。
(1)　会計監査人の選解任権にかかる議案決定権
　経営者が会計監査人の選解任にかかる議案の決定権をもつと，会計監査人による適正な監査を阻害する可能性があるとされるためです。
(2)　取締役の職務の執行の監査および(3)取締役に対する事業報告請求権，会社業務・財産状況調査権
　取締役および使用人に対して事業の報告を求め，また会社の業務・財産の状況を調査することができます。

(4) 子会社調査権

　一定の要件のもとで子会社に対しても報告を要求し，その業務・財産の状況を調査する権限をもちます。

(5) 取締役会への出席義務および意見陳述義務

　取締役会で違法または著しく不当な決議がなされることを防止するために，取締役会に出席し，必要な場合には意見を述べなければなりません。

(6) 取締役会の招集請求権および招集権

　取締役に対し，取締役会の招集を求めることができます。また，一定の場合には自ら招集することができます。

(7) 取締役の違法行為差止請求権

　取締役の法令・定款違反の行為の結果，会社に著しい損害が生じるおそれがある場合には，取締役に対してその差止めを請求することができます。

●──監査報告

　会社法における大会社では，会計監査人による会計監査が義務づけられているため，会計監査は一義的には会計監査人が実施し，会計監査人の監査報告書が，監査役会と取締役会に提出されます。監査役は，会計監査人の監査の方法・結果の相当性を判断することで会計監査を直接的に実施しないことになります。ただし，もし相当でないと認めた場合は，自ら監査した上で，その結果について監査報告書に記載することになります。また，監査役は，必要があれば会計監査人に報告を求める権限をもっています。

　定時株主総会の招集通知時には，監査役会の監査報告書が提供され，会計監査および業務監査の結果が記載されます。監査報告は監査役が複数名選任されている場合には，各監査役は自分の意見を付記することができます。

●──経理部門との関わり

　監査役監査は，取締役との関係が中心となるため，経理実務において，直接的な関わりをもつことは少ないといえます。ただ，監査役は，期末在庫の実地棚卸時には現場に立ち会うことも多く，期末在庫の実在性や評価の妥当性について，経理部に質問等を行うことがあります。その他，監査役は，計算書類等の監査も行うため，決算期末後に，財務関連等の数値を経理部門に依頼するこ

とになります。

3　内部監査

● ── 制度概要

　日本内部監査協会の内部監査基準では、「**内部監査**とは、組織体の経営目標の効果的な達成に役立つことを目的として、合法性と合理性の観点から公正かつ独立の立場で、経営諸活動の遂行状況を検討・評価し、これに基づいて意見を述べ、助言・勧告を行う監査業務、および特定の経営諸活動の支援を行う診断業務である」とされています。

　会社機関としての役員である監査役が実施する監査役監査とは異なり、取締役に代わって、取締役の指揮のもとに、従業員が主体となって行う監査です。取締役が健全な会社経営のために組織体のチェックを行う必要があるのですが、取引先や人員数の増加に伴う組織規模の拡大、業務形態の複雑化・専門化等の会社がおかれている状況の変化に伴い、取締役自らがすべての組織や業務について、管理することが実務的に難しいため、内部監査部門を設置することになります。

● ── 位置づけ

　内部監査部門は、組織図上、社長の直轄下におかれることになります。これは、内部監査の位置づけが、組織体の経営目標の効果的な達成にあるため、マネジメントサイドの指揮命令系統下で実施されるべきであるからです。このことは、マネジメントサイドに対する牽制機能として無効であることを意味するものではなく、他部署からの制約を受けずに独立的に監査を実施することを可能ならしめるために社長直轄下におかれているのであり、マネジメントサイドに対する牽制としての役割も求められるものです。

　会社の規模によっては、会社すべてを監査対象とするには、人的・時間的制約があるため、監査対象拠点を毎年選別するなどにより効率的、効果的に監査が実施されます。

◉——経理部門との関わり

　内部監査の対象部門として経理関連部門が，監査対象となることがあります。内部監査が導入されている会社では，会計監査を行う会計監査人が設置されていることが多く，内部監査による経理部門の監査では，業務監査に主眼がおかれることが多いといえます。したがって，経理部門の体制，業務分担，社内規定等への準拠，業務プロセス等の項目が主な確認項目となります。

4　会計監査人監査

◉——会計監査人とは

　独立した第三者として公認会計士等が，会社等の財務情報について監査を行い，財務情報の適正性を利害関係者に対して保証する役割を果たしています。公認会計士等により実施される外部監査には，「**金融商品取引法監査**」および「**会社法監査**」がありますが，そのほかにもさまざまな法令によって会社および団体に義務づけられ，情報の信頼性確保に役立てられています。

　財務諸表作成者である会社と，利用者である利害関係者では，潜在的・顕在的に情報格差が発生してしまいますが，利害関係者が自ら財務諸表の信頼性を確かめることは，企業機密保持の観点から法的に制限されますし，現実的にも経済合理的はないといえます。さらに，会計に関する専門知識をもたない一般の利害関係者が，財務諸表の信頼性を判断することは困難といえます。したがって，監査に必要な専門能力と独立性を保持した監査人による財務諸表監査の導入が必要となるのです。

◉——金融商品取引法監査

　金融商品取引法は，その中心目的である投資者保護を達成するための重要な手段として，投資者が合理的な意思決定を行うために，下記に該当する会社に対して，必要十分な会社内容の開示制度を定めています。そして，投資者保護の観点から，開示される財務情報について監査を求めています。

◉——財務諸表監査と内部統制監査

　財務諸表監査は，会社が作成した財務諸表が，企業会計の基準に準拠して会

図表17-1　発行市場および流通市場における主な開示書類

(1) 発行市場

提出書類	提出会社	提出期限
有価証券通知書	1,000万円超1億円未満の有価証券を発行する会社	発行される前に提出
有価証券届出書	1億円以上の有価証券を発行する会社	発行時に提出
目論見書	1億円以上の有価証券を発行する会社	予め又は同時に投資者に交付

(2) 流通市場

提出書類	提出会社	提出期限
有価証券報告書	有価証券を上場している会社等	事業年度末日後3ヵ月以内に提出
内部統制報告書	有価証券を上場している会社	有価証券報告書と併せて提出
四半期報告書	事業年度が3ヵ月を超える上場会社	各四半期末日後45日以内に提出
半期報告書	有価証券提出会社のうち，事業年度が6ヵ月を超える上場会社以外の会社	上半期末日後3ヵ月以内に提出
臨時報告書	有価証券報告書を提出している会社	遅滞なく提出

社の諸活動の成績を適正に表示しているかどうかについて，職業的専門家である公認会計士が意見表明することです。なお，四半期決算に対する公認会計士によるチェックは，レビューといわれ，監査ほどの厳格な手続きは実施されないことになります。

また，金融商品取引法では，内部統制監査も求められています。**内部統制監査**は，財務報告にかかる内部統制の有効性を評価するものですが，財務情報の信頼性を裏づけるものとなります。それぞれの監査の流れは以下のとおりです。

【財務諸表監査】

(1) 監査計画の立案

監査計画策定時に，対象となる会社に関する競争的な市場，仕入先や顧客との関係，会社の内部統制の有効性など会社内外の環境を考慮します。なお，監査計画策定時に想定できなかった事象等の発生などにより，監査計画は，適宜修正されます。

(2) 監査手続きの実施

　経理部門は，会社側の窓口になるため，監査人か実施する手続きとの関連で証憑類等を集めることになります。たとえば，売上の妥当性を確認するために，監査人は，出荷伝票，納品書，物品受領書，請求書等を確認しますが，これらを監査人の求めに応じてそろえる必要があります。その他，監査人は，金融機関に残高確認書を発送し，会社の預金残高等について，金融機関から回答を入手しますが，金融機関への依頼書類の作成は経理部門で行います。また，引当金の計算等については，計算を実施した経理部門が，作成資料等を提出します。

(3) 監査報告書の発行

　監査手続きを実施した結果として入手した証拠をもとに，財務諸表が信頼できるかどうかを判断し，その結論を意見として表明した監査報告書を，取締役会宛てに発行します。

【内部統制監査】

(1) 監査計画の策定

　内部統制監査は財務諸表監査と一体となって行われるものであるため，財務諸表監査に関する監査計画に含まれます。

(2) 監査手続きの実施

　トップダウン型のリスク・アプローチを採用し，内部統制を会社全体を対象とする全社的な内部統制と，業務に組み込まれている業務プロセスにかかる内部統制とに区別し，それぞれ内部統制の有効性を評価します。

(3) 監査報告書の発行

　監査手続きを実施した結果として入手した証拠をもとに，内部統制報告書が信頼できるかどうかを判断し，その結論を意見として表明した内部統制監査報告書を，監査報告書と併せて取締役会宛てに発行します。

●——会社法監査

　会社法においては，商取引の安全性確保，取引先，債権者保護が求められています。そのため，社会的監督を強化する観点から，会社法上の大会社，指名委員会等設置会社および監査等委員会設置会社について公認会計士による監査を義務づけています。

会社法監査での監査対象は計算書類等であり，金融商品取引法監査の財務諸表監査と同一の基準で判断するため，基本的には手続きは同様となります。

図表17-2　計算書類等の作成から開示までのスケジュール

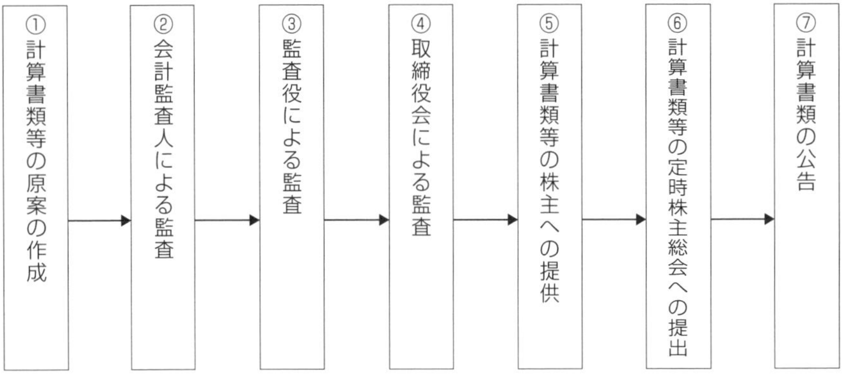

① 計算書類等の原案の作成 → ② 会計監査人による監査 → ③ 監査役による監査 → ④ 取締役会による監査 → ⑤ 計算書類等の株主への提供 → ⑥ 計算書類等の定時株主総会への提出 → ⑦ 計算書類の公告

5　三様監査

●──各監査の連携

上述した会社に関する3つの監査は，総称して三様監査とよばれます。それぞれ目的や実施主体は異なりますが，監査実施の過程で行われる検証業務等で，重複する部分が存在します。そのため，監査の効率化と品質向上を進め，コーポレート・ガバナンスの充実に寄与するために，それぞれの監査主体者が相互に連携することが重要となります。

●──経理実務との関わり

経理部門とそれぞれの監査についての関わりは，会社の他部門よりも深いといえます。監査役監査では，取締役の職務執行を監査するうえでの資料を経理部に求めてくることも多く，計算書類の監査においては，会計監査人がいる場合でもあっても，質問等を受けることが一般的です。内部監査では，リスク分析を行うために，経理部門に財務データを依頼してくることがあります。また，経理部門が内部監査の対象となり，対応することもあります。

図表17-3　各監査の比較表

	監査役監査	内部監査	会計監査人監査
主体	株主総会で選任された監査役	取締役に任命された従業員	株主総会で選任された会計監査人
目的	取締役の職務執行を監査することによる、株主および債権者保護	経営者の指揮の下に、業務部門の体制・活動全般の監査を実施することにより、会社の経営目標の効果的な達成に資すること	取締役が作成した財務諸表等に対する監査を実施することによる、会社外部の利害関係者保護
監査の種類	会計監査、業務監査（株式譲渡制限が付された非大会社では、会計監査に限定可能）	会計監査 業務監査	会計監査（金融商品取引法では、内部統制監査も範囲）
法制度	法定監査	任意監査	法定監査

　特に、会計監査人監査では、窓口として、会計監査のスケジュールに対応し、資料の提出等を行ったり、会計監査人がマネジメントへのインタビューを行うさいの日程調整を行う等、会計監査人への対応は、他の監査対応よりも多くの時間を割くことになります。したがって、経理実務においては、経理部員のスケジュールや作業分担において、会計監査人への対応にかかる工数や時間を考慮しなければなりません。

　また、会計監査人は、法令等で定められたスケジュールに準拠して監査報告書を提出する必要があるため、経理部門も当該スケジュールを意識して、会社決算の完了や資料の整備等を行うことが重要となります。とりわけ連結決算の対象となる子会社が多い場合には、法定のスケジュールを満たすためには、親会社の決算だけではなく、子会社の決算も正確に、かつ早く完了する必要があります。

第18章

財務情報と財務分析

> **経営者に提供する主な財務分析**
>
> 経理（財務）部門が，経営者などに提供する総合的指標（ROE，ROA）と収益性，効率性，安全性との相関関係は，次のようにまとめることができます。
>
> $$\underset{(ROE)}{\text{自己資本当期純利益率}} \quad \underset{(売上高当期純利益率)}{① \text{ 収益性}} \quad \underset{(総資本回転率)}{② \text{ 効率性}} \quad \underset{(財務レバレッジ)}{③ \text{ 安全性}}$$
>
> $$\frac{\text{当期純利益}}{\text{自己資本}} = \frac{\text{当期純利益}}{\text{売上高}} \times \frac{\text{売上高}}{\text{総資産}} \times \frac{\text{総資本}}{\text{自己資本}} \times 100$$
>
> $$\underset{\longleftarrow \text{(ROA)} \longrightarrow}{\text{総資産（総資本）当期純利益率}}$$

　本章では，総合的指標である自己資本当期純利益率と総資産当期純利益率を通して収益性，効率性，安全性，さらに成長性を理解するために，スポーツ用品の美津濃（株）の財務情報を用いて，実務に役立つ財務分析を学習します。

1　財務情報と財務分析の重要性

　会社は，ヒト，モノ，カネ，情報という経営資源を活用して，良い製品・サービスを提供することにより利益を上げ，その利益を株主などに還元することにより持続的成長を図ることができます。この持続的成長を図るために，経営成績，財政状態などの財務情報を分析して，その財務体質を把握したうえで，年次予算，中・長期計画を策定して経営する必要があります。経営者，経理・財務の担当者はもちろんのこと，製造・研究開発・営業・総務の担当者でも，「財務諸表分析ができる」ようになれば，会社の財務体質を知ることができます。

　上場会社の場合，貸借対照表，損益計算書，キャッシュ・フロー計算書から

なる財務諸表，さらに3ヵ月ごとに開示される「決算短信」により，会社の最新の経営成績，財政状態，キャッシュ・フローの状況，配当などの財務情報をいち早く知ることができます。財務分析は，財務諸表という客観性と信頼性の高い定量的な財務情報のみを用いて，意思決定に必要な指標を算出して，その財務体質を把握する分析手法で，経営分析（財務情報以外に定性的な情報も用いて現在および将来の経営状況を把握する分析手法）の中心的な存在といわれています。なお，これらの財務情報は，インターネットにより容易に入手することができます。

本章では，経理（財務）部門が経営者などに提供する各種の指標を収益性，効率性，安全性，成長性に分けて，会社の財務体質を把握することにします。

2　収益性分析

収益性とは，会社にどれだけの利益獲得能力，つまり稼ぐ力があるかをみることで，2つの視点，つまり①会社の立場からの分析と②会社に投資する株主の立場からの分析があります。会社は，いくら商品や製品を販売しても，利益がなくては持続的な成長を望めませんので，非常に重要な分析といえます。

◉──**会社の立場からの分析**

会社の立場から分析する場合，①総資産をいかに効率的に運用して利益を上げたか，②売上高に対して，どれだけの利益を上げたかに分けて分析します。

まず，総資産を活用してどれだけの利益を獲得したかを示す**総資産当期純利益率**（Return on Assets，以下「ROA」といいます）は，次の算式で求められます。

$$\text{ROA}(\%) = \frac{\text{当期純利益}}{\text{総資産}} \times 100$$

この総資産の代わりに総資本を分母にして，当期純利益を割る場合を**総資本当期純利益率**といいます。総資本の場合には，金融機関からの借入金なども含みますので，調達した資金をいかに効率的に活用して利益を獲得したかという観点になります。また，当期純利益に代えて営業利益，経常利益（この場合には借入金に対する支払利息を加算します）を分子にすることもあります。

ROAが高ければ高いほど、その会社は総体的にみて、効率的に利益を獲得していると判断されます。同業他社と比較する必要がありますが、ROAが10%以上を維持できていれば、その会社の収益性はかなり高いと判断されます。投資家は、少なくとも長期金利よりも高いROAを要求する傾向にあります。

そこで、美津濃株式会社（以下「美津濃」といいます）の平成28年3月期の財務諸表（図表12-3と12-4）を利用してROAを計算してみましょう。

$$\text{美津濃のROA}(\%) = 0.7\% = \frac{885\text{百万円}}{125{,}994\text{百万円}} \times 100$$

前期のROAが1.4%でしたので、収益性がかなり悪化していると判断されます。その原因が何かを探るために、ROAの算式を次のように分解してみます。

$$\text{ROA}(\%) = \underbrace{\frac{\text{当期純利益}}{\text{売上高}}}_{\text{(売上高当期純利益率)}} \times \underbrace{\frac{\text{売上高}}{\text{総資産}}}_{\text{(総資産回転率)}} \times 100$$

ROAを悪化させたのが、**売上高当期純利益率**（売上高に占める当期純利益の割合）の減少によるのか、**総資産回転率**（売上高を総資産で割った指標）の低下によるのか、あるいはその双方によるのかを識別することができます。

$$\text{美津濃のROA}(\%) = 0.7\% = 0.7\% \times 1.03\text{回}$$

$$= \frac{885\text{百万円}}{129{,}401\text{百万円}} \times \frac{129{,}401\text{百万円}}{125{,}994\text{百万円}} \times 100$$

売上高当期純利益率が前期1.4%からその半分の0.7%に減り、総資産回転率が0.96回から1.03回に増えたことから、その悪化の主因は、売上高当期純利益率、特にあとで検討する売上高総利益率が1.6ポイントも低下したことにあるようです。さらなる分析は、他の競合会社、業界平均との比較が必要となります。

次に取り上げる収益性分析は、ROAと異なり、損益計算書のみを用いて算出する指標ですが、どの利益水準を採るかによってその収益性は異なってきます。そこで美津濃を例にとって、それぞれの指標の相違点を具体的に検討しましょう。

売上高総利益率（粗利益率）は、売上高から売上原価を差し引いた売上総利益を分子において、売上高で割ることにより算出されます。一般的にいって、製造業の売上高総利益率の方が、販売業の利益率よりも高い傾向にあります。

$$売上高総利益率(\%) = \frac{売上総利益}{売上高} \times 100$$

$$美津濃の売上高総利益率(\%) = 36.6\% = \frac{47,406百万円}{129,401百万円} \times 100$$

売上総利益から販売費及び一般管理費を差し引いた営業利益を分子にして，売上高で割ると，売上高営業利益率が算出されます。

$$売上高営業利益率(\%) = \frac{営業利益}{売上高} \times 100$$

$$美津濃の売上高営業利益率(\%) = 0.9\% = \frac{1,223百万円}{129,401百万円} \times 100$$

たとえば，財務省の平成26年度法人企業統計調査結果（以下「財務省調査」といいます）では，資本金10億円以上の会社の売上高営業利益率は5.2%です。

営業利益に営業外収益を加えて，営業外費用を差し引いた経常利益を売上高で割ると，売上高経常利益率が算出されます。

$$売上高経常利益率(\%) = \frac{経常利益}{売上高} \times 100$$

$$美津濃の売上高経常利益率(\%) = 1.3\% = \frac{1,664百万円}{129,401百万円} \times 100$$

財務省調査による経常利益率は6.6%ですので，かなり低いことがわかります。売上高当期純利益率は既述のとおり，0.7%と前期よりも半減しています。

利益率は，販売価格の値上げ，稼働率の上昇，仕入原価の削減などにより売上高総利益率を高めること，販管費の削減で営業利益率を高めること，さらに営業外収支を見直すことにより改善できます。また，独自の製品・サービスにより価格競争に巻き込まれていない会社の利益率は，一般的に高いといわれています。

ところで，各指標を計算する場合，総資産，総資本などは期末の金額を用いますが，決算短信で公表される指標（図表12-5）は，東京証券取引所の作成要領により，期首と期末の金額を単純平均した金額を用いることになっています。ここで，次の算式により，美津濃の連結総資産経常利益率を計算してみましょう。

$$総資産経常利益率(\%) = \frac{経常利益}{(期首総資産 + 期末総資産) \div 2} \times 100$$

$$美津濃の連結総資産経常利益率(\%) = 1.6\% = \frac{2,778百万円}{(174,395百万円 + 169,995百万円) \div 2} \times 100$$

　美津濃の連結総資産経常利益率は，前期の半分とかなり低くなりましたが，個別の２倍以上もあります。その主因として，連結経常利益そのものが個別よりも11億円も多いことがあげられます。また，図表12-5には，売上高営業利益率が1.5％と個別の利益率よりも高いので，連結の営業利益率を計算してみましょう。

●──株主の立場からの分析

　株主の最大の関心事は，**自己資本**（株主資本と評価・換算差額等からなりたっていますので純資産（図表12-3）と同じですが，連結の純資産の場合には非支配株主持分などを控除します）を，会社がいかに効率的に活用して利益を獲得したのか，にあります。その株主の立場から収益性を分析するときに使われる指標が，**自己資本当期純利益率**（Return on Equity，株主資本当期純利益率ともいいます。以下「ROE」といいます）で，わが国の経済界で現在，最も注目されている指標です。株主にとっては，支払利息，特別損益，税金もすべて控除した残りの当期純利益が，この指標の計算上，考慮すべき利益となります。

$$ROE(\%) = \frac{当期純利益}{自己資本} \times 100$$

　多くの会社，特に上場会社は，合格ラインである８％を上回るROEを達成できるように中・長期計画を策定していますが，美津濃のROEはどうでしょうか。

$$美津濃のROE(\%) = 1.2\% = \frac{885百万円}{70,925百万円} \times 100$$

　美津濃のROEが1.2％と，合格ラインよりもかなり低い数値であることがわかります。そこで，連結ROEが下記の式により2.3％であることを確かめましょう。

$$\text{連結ROE(\%)} = \frac{\text{当期純利益}}{(\text{期首自己資本} + \text{期末自己資本}) \div 2} \times 100$$

ただし，連結自己資本は，期首が92,637百万円，期末が88,798百万円です。

次に，1株当たりの収益性をみるために，**1株当たり当期純利益**（Earnings Per Stock，以下「EPS」といいます）と配当性向がいくらであるかを計算してみましょう。なお，期中平均株式数は126.1百万株とします。

EPSは，発行済株式1株当たりの当期純利益を示し，その金額が大きければ大きいほどその投資に対する収益性が高いということを意味します。

$$\text{EPS(円)} = \frac{\text{当期純利益}}{\text{期中平均株式総数}}$$

$$= \frac{\text{当期純利益}}{(\text{期首発行済株式総数} + \text{期末発行済株式総数}) \div 2}$$

$$\text{美津濃の連結EPS} = 16.54\text{円} = \frac{2{,}085\text{百万円}}{126.1\text{百万株}}$$

会社が当期純利益のうち，配当金にどれだけ充てたかを示す配当性向は，次の算式により把握できます。

$$\text{配当性向(\%)} = \frac{1\text{株当たり配当金}}{1\text{株当たり当期純利益}} \times 100$$

$$\text{美津濃の連結配当性向(\%)} = 60.5\% \doteqdot \frac{(1{,}258\text{百万円} \div 126.1\text{百万株})}{16.54\text{円}} \times 100$$

配当性向が前期の38％と比較して高くなった理由は，1株当たり当期純利益が10円も減少したのに，1株当たりの配当金額を維持したことに起因します。

最後に，自己資本当期純利益率と総資産当期純利益率との相関関係について検討します。美津濃のROEが1.2％と合格ライン（8％）よりもかなり低い理由を探るために，ROEの算式の右辺を，次のように分解してみます。

$$\text{ROE(\%)} = \underbrace{\frac{\text{当期純利益}}{\text{売上高}}}_{\text{(売上高当期純利益率)}} \times \underbrace{\frac{\text{売上高}}{\text{自己資本}}}_{\text{(自己資本回転率)}} \times 100$$

このROEの算式とROAの算式（売上高当期純利益率×総資産回転率）とが似ていることに気づかれると思います。要するに，ROEとROAとの相違点は，売

上高当期純利益率に自己資本回転率を掛けるか，総資産回転率を掛けるかにあります。美津濃のROAを計算したときに，その半減の主因が0.7%という売上高当期純利益率の低さ，特に売上高総利益率の低下にあると分析しました。では，総資産回転率1.03回をどのように理解すべきかについて，次に検討します。

3 効率性分析

効率性とは，経営資源を活用して，その資源をどれくらいの期間で回収する能力があるかをみることで，この分析は，資本項目と資産項目に分けられます。

では，資本項目である総資本と自己資本に対する回転率について検討します。

前述のように美津濃のROAが低い理由には，売上高当期純利益率の大幅な減少と0.96回から1.03回へと若干改善されたものの総資本（総資産）回転率の低さにあると判断しました。総資本（総資産）回転率が低いということは，その回収スピードが遅いことを意味し，ヒト，モノ，カネ，情報という経営資源をあまり効率的に使用していないと判断されます。効率の良い会社と判断されるには，会社の規模にもよりますが，多額の設備投資を要する製造業では1年に1～2回転，卸売業や小売業では1.5～2回転させなければならないようです。

ROEの構成要素である自己資本回転率では，その分母が自己資本ですので，売上高を一定とした場合，増資による資金調達に代えて借入金などで調達すればするほど，その回転率は改善され，計算上ROEも高くなります。しかし，借入金などによる資金調達を増やせば増やすほど，支払利子負担が増えて利益を圧迫することになり，倒産するリスクが高まることになります。したがって，会社としては，あくまでもROEを上げるための王道，売上規模の拡大と利益率の改善を図る必要があります。では美津濃のROEはどうでしょうか。

美津濃のROE(%) = 1.2% = 0.7% × 1.82回

$$= \frac{885百万円}{129,401百万円} \times \frac{129,401百万円}{70,925百万円} \times 100$$

やはり売上高当期純利益率の低下が大きく影響していますが，自己資本が35億円減少したことにより自己資本回転率は1.82回と若干改善されました。そこで，上記の算式うち，自己資本回転率の分子と分母に総資本を加味してみます。

$$\mathrm{ROE}(\%) = \frac{当期純利益}{売上高} \times \frac{売上高}{総資本} \times \frac{総資本}{自己資本} \times 100$$

(売上高当期純利益率)(総資本回転率)(財務レバレッジ)

その結果，自己資本回転率は，総資本回転率と**財務レバレッジ**（つまり資本と負債のバランス）に分解されます。総資本回転率は既述のとおり，売上のために総資本をどれだけ活用したかを示す指標です。新たな指標である財務レバレッジは，総資本が自己資本の何倍かを示しています。そこで資金が潤沢であれば，自社株買いを実行して自己資本を減少し，それに伴う総資本の減少により，総資本回転率と財務レバレッジを高めて，ROEの向上を図ることもできます。なお，財務レバレッジの逆数が安全性分析で検討する**自己資本比率**となります。

そこで，美津濃のROEである1.2％を分解すると，次のようになります。

美津濃のROE(％) = 0.7％ × 1.03回 × 1.77

$$= 0.7\% \times \frac{129{,}401百万円}{125{,}994百万円} \times \frac{125{,}994百万円}{70{,}925百万円} \times 100$$

同様の算式を用いて，美津濃の連結ROEが2.3％になることを確かめましょう。

次に，資産項目である売上債権，棚卸資産および固定資産に対する回転率について検討しましょう。

売上債権回転率は，売上高に対する売上債権（ここでは受取手形と売掛金の期末合計額とします）の割合が適切かどうかをみる指標です。

$$売上債権回転率(回) = \frac{売上高}{売上債権}$$

$$美津濃の売上債権回転率(回) = 4.5回 = \frac{129{,}401百万円}{28{,}630百万円}$$

この回転率は，前期と同じ数値でした。会社の規模，業界にもよりますが，多くの会社は与信管理の強化などにより年6回以上を目指しています。

棚卸資産回転率とは，商品，製品などの棚卸資産が1年間に何回売上げとして回収されるかを意味し，次の算式により求められます。

$$棚卸資産回転率(回) = \frac{売上高}{棚卸資産}$$

$$美津濃の棚卸資産回転率(回) = 6.6回 = \frac{129,401百万円}{19,591百万円}$$

前期の棚卸資産回転率7.5回から低下しています。この回転率は通常，12～16回（財務省調査によりますと，売上高に対する在庫率が7.7%ですので13回となります）とみられますので，在庫管理を一層強化する必要があります。

固定資産回転率は，固定資産の活用度を示す指標で，固定資産への投資が過大であったか，投下資本の回収が遅れているかなどの目安になります。

$$固定資産回転率(回) = \frac{売上高}{固定資産}$$

$$美津濃の固定資産回転率(回) = 1.9回 = \frac{129,401百万円}{66,583百万円}$$

固定資産回転率は，大規模な会社で2.5回から3回程度ですので，美津濃の固定資産の過半数を占める「投資その他の資産」を見直す必要がありそうです。

4　安全性分析

安全性とは，会社が金融機関からの借入金などの負債に対して，どれだけの返済能力を有しているかをみることで，短期と長期の安全性に分けて検討します。

まず，短期的な安全性として流動性比率，当座比率を検討します。

流動性比率は，会社が1年以内に返済しなければならない短期・長期借入金，買掛債務などの流動負債を有している場合に，これを上回るだけの流動資産が用意されているかをみるための指標で，次の算式により求められます。

$$流動比率(\%) = \frac{流動資産}{流動負債} \times 100$$

$$美津濃の流動比率(\%) = 199\% = \frac{59,410百万円}{29,913百万円} \times 100$$

美津濃の比率は，米国並みの200%近くありますので，望ましい状態といえます。ただし，金融機関からの借り入れが多いわが国では，通常120%程度あれば十分とされています。したがって，美津濃は，売上債権の回収を早めること，在庫管理を改善することにより「眠っている資金」の活用を図る必要があ

りそうです。

　当座比率は，酸性試験比率ともいわれ，流動資産の中から換金性の劣る棚卸資産を除いた当座資産を流動負債で割ることにより算出されます。

$$当座比率(\%) = \frac{当座資産}{流動負債} \times 100$$

$$美津濃の当座比率(\%) = 133\% = \frac{59{,}410百万円 - 19{,}591百万円}{29{,}913百万円} \times 100$$

　当座比率の望ましい数値は，米国では100％以上といわれていますが，わが国では70～90％程度です。美津濃の当座比率は，流動比率同様に高すぎるようです。

　次に，長期的な安全性として3つの指標を検討します。
　自己資本比率は，次のとおり，総資本に占める自己資本の割合を示す指標です。

$$自己資本比率(\%) = \frac{自己資本}{総資本} \times 100$$

$$美津濃の自己資本比率(\%) = 56.3\% = \frac{70{,}925百万円}{125{,}994百万円} \times 100$$

　なお，美津濃の連結自己資本比率が52.2％になることを確かめましょう。

　自己資本は，他人資本と異なり，①返済義務がなく，②支払利子の代わりに配当を支払う一方で，業績が悪い場合には減配，無配にすることができます。したがって，会社にとっては安定的かつ柔軟性に長けた資金源といえますので，この指標が高ければ，その会社の財務上の安全性が高いといえます。しかし，財務省調査によりますと，資本金が10億円以上の会社の自己資本比率は45％です。それに比べて，美津濃の自己資本比率は，この数年間，徐々に減ってきましたが，依然として標準よりも高すぎるようです。この自己資本比率の高さが，すでに検討したROA，ROEなどの低さに影響しているのは間違いないようです。
　固定比率は，調達した自己資本と運用した固定資産との関係を示す指標です。

$$\text{固定比率(\%)} = \frac{\text{固定資産}}{\text{自己資本}} \times 100$$

$$\text{美津濃の固定比率(\%)} = 93.9\% = \frac{66,583\text{百万円}}{70,925\text{百万円}} \times 100$$

　美津濃の場合は，固定資産への投資が返済期限のない自己資本によりすべて調達されていますので，財務上の安全性は高いと評価されます。

　固定長期適合比率とは，長期に安定した資金である自己資本と固定負債によって固定資産が賄われているかをみる指標で，次の算式により求められます。

$$\text{固定長期適合比率(\%)} = \frac{\text{固定資産}}{\text{自己資本} + \text{固定負債}} \times 100$$

$$\text{美津濃の固定長期適合比率(\%)} = 69.3\%$$

$$= \frac{66,583\text{百万円}}{70,925\text{百万円} + 25,155\text{百万円}} \times 100$$

　この指標も100％以下が望ましいとされています。

5　成長性分析

　成長性とは，主に前期と比較して会社がどれだけ成長したか，今後も成長する可能性があるかをみることで，売上高，営業利益，経常利益，当期純利益が前期（有価証券報告書などを参照）と比較してどれだけ伸びたかを検討します。ここでは，指標だけをあげておきます。

$$\text{売上高伸び率(\%)} = (\text{当期売上高} \div \text{前期売上高} - 1) \times 100$$
$$\text{営業利益伸び率(\%)} = (\text{当期営業利益} \div \text{前期営業利益} - 1) \times 100$$
$$\text{経常利益伸び率(\%)} = (\text{当期経常利益} \div \text{前期経常利益} - 1) \times 100$$
$$\text{当期純利益伸び率(\%)} = (\text{当期純利益} \div \text{前期純利益} - 1) \times 100$$
$$\text{純資産伸び率(\%)} = (\text{当期純資産} \div \text{前期純資産} - 1) \times 100$$

第19章

会社経営と簿記・会計

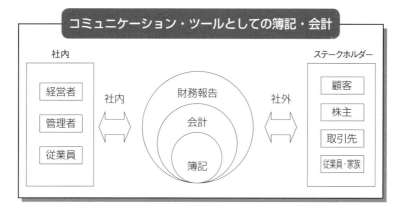

　前章までに簿記・会計のさまざまな項目について，実務に結びつけてそのフローや主な会計記録について具体的に学んできました。本章ではこれまで学んだ簿記・会計が会社経営にとって中枢をなすものであり，社内に対しても社外に対してもビジネス・コミュニケーションとして，必要欠くべからざるものであることを，確認していきましょう。

1　簿記・会計はビジネス・コミュニケーションの発信基地

●──簿記・会計を知らずして仕事を語ることなかれ

　会社の経営者は，ステークホルダーたる顧客，株主，従業員，そして大きくは社会に対して，その会社の果たすべきことを明らかにして，その実現に務め，成果をあげる責任があります。そこでは，その都度さまざまな問題に直面しその解決を迫られ，判断を下す必要があります。判断をするということは，問題を自分の中のものさしと照らし合わせて決めるということになります。

　判断のものさしは，会社としての思想や哲学であったりすることもあります。さらに，具体的な数字に裏づけられた数値であることもあります。

　経営者にとっては，簿記や会計を知ることにより，簿記や会計に表れるさま

ざまな会社経営に対するシグナルを見出す目をもつことができます。今日のような情報化社会においては，経営資源であるヒト・モノ・カネ・情報も多様化しており，企業の業績の変動も大きく，日々が勝負といえます。

会社という飛行機の操縦席に座る経営者は，メーターに表れる数値に匹敵する簿記・会計・財務報告の数値を，会社として目標に達するまでのインジケーターとして役立てる必要があります。そのためには，経営者自身，簿記・会計に対する視点は欠かせません。そして現状を正しくつかむとともに，簿記・会計・財務報告に裏づけられた経営計画により，プラン・アクション・コントロールのサイクルを通して経営を進めていきます。

では，経営者は簿記・会計の担当者にはどのようなことを期待しているのでしょうか。実際の判断においては，データを瞬時のうちに眺めて決断を下す必要があります。そのためには，一般的な勘定科目の正確な数値はもちろんのこと，実際の仕事をしている分野に適応した判断の材料となる勘定科目ともいうべき数値も期待しているということになります。それが，後ほど述べる管理会計に結びつく数値ということになります。

さらに簿記・会計はその直接の担当部署である経理部門だけが詳しく知っていればいいというものではありません。従業員として営業・製造・新商品開発等に携わる人たちもその仕事を効率よく進めるためには，自分達の仕事が簿記・会計とどのように結びついているかの視点が欠かせません。新商品の開発のためのコストや売上高増加のための販売活動の販売費や広告宣伝費等はまさに簿記・会計の分野です。また，これらの活動を支えるための資金調達も簿記・会計の分野です。

決算書が読めれば，自分の会社の現状および将来性をこれから読み取ることができます。自分の会社の現状を知ることにより，仕事としての個人のレベルでの戦略を立てることができますし，自分の将来にとっても有益です。また，競争相手の決算書が読めれば，相手会社を知ることができます。

管理者はさらに広い視点での簿記・会計との結びつきの視点が求められます。会計数字を読むことにより，財務諸表を理解するだけでなく，他部門との調整や他社との折衝，さらには会計数字の応用としての利益管理や経営分析等の視点も求められます。

このような視点で簿記・会計をみてくると，会社においては，経営者，管理

者，従業員といった役割が職階を生んでいますが，簿記・会計システムにおいては，一人ひとりの社員が主役だともいえるのです。

ビジネスにおいては，前記のフロー図に示されるように，さまざまな場面で，社外とのコミュニケーションが必要となります。また，社内のコミュニケーションをとることも大変大事です。ここでいうコミュニケーションは，単なる伝達の意味ではありません。社内外の思いを共有することです。このコミュニケーションの発信源であり，ビジネス・ランゲージとなるものが，簿記・会計といえます。以下で，これらのコミュニケーションが会計を通してどのように図られるかをみていきましょう。

●──社外コミュニケーションとしての財務会計

社外とのコミュニケーションのための言語が「**財務会計**」です。株主や銀行等の債権者に対しては会社の現状をつまびらかに説明し，資金提供の継続や新規開始を要請する必要があります。税務署等に対しても会社の現状を説明し，義務としての税金を決められた分だけ，負担する必要があります。また，取引先や商品の購入者たる顧客や従業員とその家族も会社の状況に大きな関心をもっています。会社の業績や状況次第では，商品の売上げや賃上げ等にも影響が出てくるかもしれません。

この財務会計のツールがこれまでの章で述べられた財務諸表（貸借対照表，損益計算書，キャッシュ・フロー計算書等）です。この財務諸表のもとになる会計制度は，「会社法」による会計制度と「金融商品取引法」による会計制度の2つの会計制度により規定されています。株式会社のうち上場企業は，金融商品取引法等により適用すべき会計基準が明確にされていますが，非上場企業においては，会社法の要求に従って計算書類を作成しなければなりません。会社法に細かい規定のないものについては，「中小企業の会計に関する指針」や「中小企業の会計に関する基本要領」により作成されます。

また，この会計制度は国別によっても異なっています。しかし，金融を中心とした国際化・自由化が進み，各国公開企業に関する財務会計のルールを国際会計基準で統一化を図ろうとする動きがあります。

少し難しくなりますが，ここでの**会計の果たす役割**は何なのでしょうか。アカウンタビリティ（accountability）という言葉があります。この言葉は経営資

源の受託者（履行者）たる経営者がそれの委託者たる株主に対し自身の活動内容を定期的に報告し，説明する責任として，もともと用いられてきました。アメリカの会計学会の会長を務めた井尻教授は会計学におけるこの責任を会計責任と訳しています。

　筆者は会社経営におけるアカウンタビリティをもっと広い意味にとらえて経営してきました。会社においては，ステークホルダーたる顧客，株主，社員をトライアングルとしてとらえ，経営の基本的な考え方としてきました。そこにあるのは，経営者とステークホルダーたる顧客，株主，社員に対するアカウンタビリティの概念です。しかし，このアカウンタビリティはステークホルダーの意思決定や，会社の社会的な責任まで考えた幅広いものとしてとらえてきたのです。

　会計はこのアカウンタビリティ概念を果たす上での欠くことのできない指標であり言語であるといえます。そこに会計の果たすべき役割があります。外部の会計監査人や企業内の経理部や内務監査室等の会計人は，監査としての位置づけから職業倫理と責任感を保有するとともに，経営者が果たすべきこれらのアカウンタビリティをステークホルダーに対して，有効に伝える手助けを行う必要があります。

　このような会計の果たす役割について考えてみることも，簿記・会計をさらに深く理解し，経営者がどのような視点で会計をとらえようとしているか，またどのように役立たせようとしているかを知る一助になるのではないでしょうか。そして，簿記・会計を担当する皆さんが新入社員も含めて，コミュニケーションの発信基地の役割を果たしてほしいと思うのです。

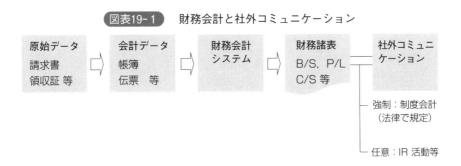

図表19-1　財務会計と社外コミュニケーション

> **コラム◆IR活動**
>
> 社外とのコミュニケーション・ツールである財務会計には法律上の決まりがあることは説明しましたが，法律上の義務とは無関係に，会社が自らの意思によって任意で行う情報の開示としてIR（Investor Relations）活動があります。会社を良くしようというインセンティブを知る上でも重要視されるようになって来ています。

●──社内コミュニケーションとしての管理会計

　社内とのコミュニケーションの言語が「**管理会計**」です。管理会計という日本語は，各部を管理するための会計と受け取られかねませんが，英語のManagement Accountingのとおり，経営に役立てる会計といえます。管理会計は財務会計と違い，決められたルールは存在しません。社内のコミュニケーションとしての管理会計で重要なことは，社内の意思決定において，コンセンサスが得られるようなルールでなければなりません。

　経営者は勘や経験に頼るような経営は避けなければなりません。いま求められているのは，データに裏づけられた経営です。そのための管理会計の役割は，経営者が必要とするデータを提供することを求められています。

　会社経営は，計画作成のためのプランニング，計画実行のためのアクション，業績評価のためのコントロール等の局面に分けられます。この会社経営の局面については，後ほどあらためて説明します。この局面に対応して中・長期計画，年次予算等のプランニング用レポート，各工程におけるコスト分析や不良品統計等のアクション用レポート，部門別収益分析等のコントロール用レポートが求められます。

　もう1つの管理会計のデータ源としては，会計データだけでなく，他社情報や取引先データ等の外部データ，生産量や販売量，作業時間などの物量データ，販売予測や原価予測等の将来の予測データも必要となります。これらのさまざまなデータやそのデータを利用してつくりあげる管理会計システムは，それぞれの会社が，その場面に応じて工夫する必要があります。そこから，プランニング，アクション，コントロールに結びつくレポートが生まれます。

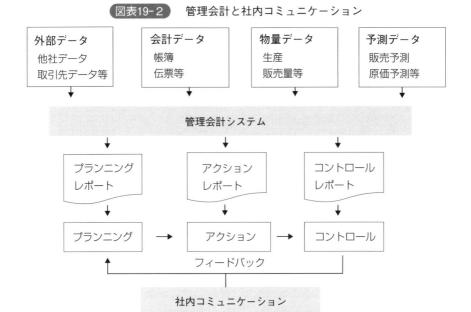

図表19-2　管理会計と社内コミュニケーション

2　経営の視点と簿記・会計

◉——経営の視点

　経営の視点をどこにおくかは，本来その会社の業種・規模・内容によって異なるものであり，**経営のものさしをどこにおくかも**それぞれ異なってくるものです。ここでは，幅広い経営の視点というより，簿記・会計と密接な関連をもつものとして，定量的な経営手法を取り上げてみます。**定量的な経営手法**とは，資本市場の要求する投資リターン要求に対して説明責任を果たしながら，資本効率の向上やリスクに見合ったリターンの確保を目的とした経営管理手法をいいます。そこで果たす簿記・会計の役割も含めて説明していきます。

◉——プランニングと簿記・会計

　大会社であろうと中小会社であろうと，経営者が経営を行っていく上で大事なことは，全社員が正しく理解できるような**経営指標**（経営目標）を設定する

ことです。この経営指標は経営環境の変化などに応じて変化してきています。かつては、売上高、営業利益、経常利益などのような規模の指標が重視されてきました。かつて右肩あがりの経済下、日本の会社の多くはこうした規模の指標を重視して経営を進めてきました。順調な経済環境のもとでは、事業の資産効率が多少悪くても将来の成長によって収益性の向上が期待できたのです。

　しかし、バブル崩壊以降、経済環境の大きな変化により、会社は経営資源の選択と集中が求められ、資本効率を高める必要が生じてきました。そこで経営目標として掲げられるようになったのが、前章で述べたように、効率を表す指標であるROE（Return on Equity）：株主（自己）資本当期純利益率（(税引き後)当期純利益／株主（自己）資本）やROA（Return on Assets）：総資産当期純利益率（当期純利益／総資産）です。

　ROEは分母が株主資本であり、株主にとっての投下資本利益率そのものを示しており、株主の視点からとらえたものといえます。その点では他社との比較も容易であり、ROEを経営目標として掲げる会社も多くなってきました。しかし、複数の事業部を抱える事業会社等においては、事業部門ごとの資本効率を評価し、事業部門ごとの資本効率を図るという社員それぞれに則した目標にするためには、さらにROEを構成要素に分解して考える手法が必要になります。これらの手法に対する社員の理解が必要であり、手法の理解が進まないときには、計画達成に向けての取り組みにも影響することになります。

　ROAは分母が資産の部の総額で、分子は（税引き後）当期純利益であり、会社の経営者からの視点からとらえた資本利益率といえます。社内の事業部門内の資産効率を比較するには簡便な方法あり、社員の理解も得られやすいといえます。しかし、事業によっては、売掛債権、支払債務が膨らみ、総資産が実質的な使用資本（営業資産）より大幅に膨らむことがあるので、事業形態が異なる事業間の収益性の比較には向かないこともあります。ROEやROAはいずれも簿記・会計の数値から導かれるものであり、簿記・会計の知識がその基本にあります。

　次に登場するのが、リスクを含む指標であり、その主なものにEVA®（EVA®はスターン・スチュワート社（Stern Stewart & Co.）の登録商標です。以下®は省略します）があります。EVAは一言でいえば、銀行・株主などの資本家が会社に対して要求（期待）する利回りの期待値である資本コストを上回る収益であ

るといえます。ここでいう資本コストとは，株主が要求する株主資本コストと債権者が要求する負債コストの加重平均したコストで，WACC（ワック，Weighted Average Cost of Capital）とよばれています。EVAの具体的計算方法については省略しますが，興味のある方は検討してみてください。

やはりリスクを含む指標としてよく使われるものに，会社やプロジェクトが将来生み出す予想キャッシュ・フローを割引率により現在価値に割り引くことによって価値を評価するキャッシュ・フロー割引現在価値評価法（Discounted Cash Flow法，DCF法）があります。

このEVAやDCF法は，ROEやROA等の指標よりも，企業価値への整合性が高く，投資家の期待を取り込んだ指標といえます。しかし，評価を受ける事業部門からみるとわかりづらいものであるともいえます。一方では，これらの指標は実は経営管理手法に密接に結びついています。たとえば，これらの指標により不採算事業を抱える会社の場合は，事業ポートフォリオの見直しが行われることになります。

定量的経営管理手法は，経営者の強い意思により進められるべきものだと考えています。そして，以下に述べるアクションやコントロールにつなげていく必要があります。定量的手法を現場においてスムーズに実践するには，コーポレートファイナンス・統計・確率などの定量的手法を理解する知識の必要性はもちろんですが，ビジネスの要素としての簿記・会計の十分な知識がそこに必要です。

> 🔍 コラム◆モンテカルロ・シミュレーション
> 　モンテカルロ・シミュレーションは近年のリスクを考慮する経営の中では必要不可欠な手法になっています。起こりうる範囲とその確率をともなった「幅をもった数値」としてイメージされる確率分布を含む計算を行うための手法の１つとして，不確実性下の利益予測や投資評価などを行うのに極めて有効な手段として用いられます。

●──アクションとコントロールと簿記・会計

ここでは，経営をどのように行っていくかを論ずるのが目的ではありません。経営計画の手順に従って行われる会社としての**アクション**（取り組み）や**コントロール**（評価）において簿記・会計がどのような役割を果たすのか，そこに経営者がどのようなことを期待しているのかを考えてみたいと思います。

経営指標の実現はまず，日々の業務を管理しながら行われます。そこでの管理の基礎となるのもやはり簿記・会計です。企業の会計は自分の会社の採算向上を支える役目を負っています。日々の適正な経理処理の積み重ねのデータである簿記・会計をもとに，会社としての具体的なアクションをみてみると，その中からコストに関する取り組み，品質管理に関する取り組み，在庫に関する取り組み，顧客志向での商品の提供や在庫管理の取り組み等がみえてきます。

コスト管理では，顧客の求める製品やサービスの価値と機能に見合うコストを見出す必要があります。企画・設計段階でコスト削減を図る原価企画という考え方や，最も能率の高い人の手順に全員が倣う標準化や，製造間接費である機械加工や品質検査等の間接費の管理なども必要になります。

品質管理ではアメリカのGM社の不良品を100万個につき3.4個以内に抑えることを意味するシックス・シグマ（6σ）が有名ですが，品質管理にもコストがかかります。品質管理のコストと効果を把握する，品質原価計算等が必要となります。

これらのアクションの取り組みの基礎データになるものが，簿記・会計のデータの多くから作られ，具体的なアクションに結びつけられています。さらに，コントロールの要素となる業績評価システムの基礎の多くが，簿記・会計のデータから作られています。会社は簿記・会計のデータを，過去の業績を評価する財務的業績指標のコアをなすものとしてその役割を期待しています。もちろん，経営は会社として総合的なものであり，実際には会計データ以外のさまざまなデータも業績尺度として使われています。そこに将来の業績向上を導く業績評価指標を併用することにより，財務的業績評価指標が補強されます。

ここで必要なのが，経営の視点における簿記・会計の役割を考えるとき，もっと幅広くとらえてその役割を活用すべきではないかということです。たとえば，生産会社等におけるコスト管理を考えるとき，原価計算による採算管理が使われることが多くあります。この場合，製造にいくらの原価で作りいくらの値段で売るかを決めようとしがちです。すなわちコストありきで考え，本来，顧客の意向に沿って市場が決めるべき価格を供給者が決めることになりかねません。

顧客の意向と生産現場とを結びつけて，簿記・会計のデータを活用（もちろん，簿記・会計データ以外のデータも必要になります）したプロフィット分析を

行い，その分析による商品が提供できるようになれば，簿記・会計の役割は広がります。すなわち，利益を生み出す直接的なプロフィット・センターである生産部門や現場と結びついての，簿記・会計部門のプロフィット分析センターとしての役割です。

経営者はさらに顧客に対してどのように対応していくか，株主と顧客を満足させるためにどのようなビジネス・プロセスを進めるか，大事な資源であるヒトに対してどのような能力を期待するかの視点で総合的に経営を進めているのです。そして，会計に携わる人達は会計の原点である簿記・会計についてその意義を周りに伝えていく役割を負っているのです。

3　企業価値を高める

●——企業価値を知る

最近では「株主重視の経営」が叫ばれ，その中で「**企業価値**」や「**事業価値**」ということがよく使われるようになってきています。それでは，企業の価値は何で計るのでしょうか。これまでは，企業を評価する考え方として売上げ規模や財務諸表における利益や資産効率，シェアなどが用いられてきました。

最近よく使われている「企業価値」や「事業価値」は，現在の本業（事業投融資）や事業が将来どれだけのキャッシュ・フローを生み出すかという点に主眼がおかれています。すなわち，企業価値とは，「本業が将来生み出すキャッシュ・フローを現在価値に割り引いた総額」であり，事業価値とは「事業が将来生み出すキャッシュ・フローを現在価値に割り引いた総額」となります。

大企業に限らず，中堅・中小企業においても銀行の企業に対する融資審査の厳格化を背景に財務の柔軟性・安全性を確保するために，従来の間接金融依存の資金調達から直接金融の活用も視野に入れる必要が生じています。そこでは，債権者や投資家は，キャッシュ・フローのベースでの利回りを重視するようになってきました。つまり，その企業ないし事業が将来生み出すキャッシュ・フローは現在の価値でどのくらいか，今後高まるのかを重視するようになってきました。そして，会計情報を使って経営判断するさいにも，企業価値を考慮して判断することになります。

●――企業価値の重要性

　企業としては，①直接金融の活用も視野に入れた中で自社が魅力的な融資先・投資先になる，②事業の選択や集中，M&A等に備えて企業価値・事業価値の向上に努める，といった平時より企業価値・事業価値を意識した経営が必要となってきています。そこでは，プラン，アクション，コントロールの経営管理サイクルの中で，自社の企業価値，事業価値を把握し企業価値，事業価値の向上を図ることが重要となってきています。

　長引くデフレ経済や，グローバルな競争の激化，銀行体力の低下，グローバルスタンダードで投資を行う株主の出現など，自社の競争力を高めるためにも，事業の集中と選択や，M&A等の施策が大企業のみならず，中堅・中小企業にとっても大事になってきています。このため，企業価値・事業価値の考え方・算出方法・プロセスを知る重要性が増しているのです。

●――企業価値そして付加価値を高める経営

　最後に，企業価値そして**付加価値**を高める経営について簡単に触れておきます。企業価値の最大化を実現するための手法は，大きく2つあります。1つは事業の効率化と効率性の高い事業への投資（事業ポートフォリオの最適化）を柱とする事業部分の最適化です。2つ目は貸借対照表の左側の資産の投融資の見直し（不要投融資の処分）と右側の資本における資本コストの削減を柱とする金融部分の最適化です。

　会社経営においては，知的資産，ブランド，製品・金融を含む技術，ノウハウ，顧客関係を含んだ「知的資産」を戦略的に活用して，企業の競争優位を高め，無形資産も含めた知的資産のマネジメントにより付加価値を高める取り組みが求められてきているといえます。

索　引

英数

EVA® ………………………………… 208
PDCAサイクル ……………………… 137
WACC ………………………………… 208

あ行

アウトソーシング費 ………………… 57
アクション …………………………… 208
粗利益 ………………………………… 24
安全性 ………………………………… 198
一括比例配分方式 …………………… 164
インカム・ゲイン …………………… 82
インコタームズ ……………………… 19
インボイス方式 ……………………… 166
受取手形記入帳 …………………… 33, 35
売上原価 ……………………………… 24
売上債権回転期間 …………………… 40
売上総利益 …………………………… 24
売上高 ………………………………… 24
売上高当期純利益率 ………………… 192
売掛金 ………………………………… 25
売掛金年齢表 ………………………… 34
売掛金元帳 …………………………… 28
営業活動に関する資金管理 ………… 8
営業経費 ……………………………… 55
エレクトロニック・バンキング（EB）
　……………………………………… 119
送り状 ………………………………… 16
親会社 ………………………………… 168

か行

買入債務回転期間 …………………… 40
会計監査人監査 ……………………… 181
会計情報の使い方 …………………… 2
会計情報の利用者 …………………… 3
会計の果たす役割 …………………… 203
外形標準課税 ………………………… 153
会社法 ………………………………… 187
会社法監査 …………………………… 185
回収基準 ……………………………… 27
確定決算主義 ………………………… 149

確定申告 ……………………………… 151
確定申告書 …………………………… 124
貸倒引当金 …………………………… 35
貸付金 ………………………………… 83
割賦販売 ……………………………… 27
株式 …………………………………… 85
株主資本等変動計算書 ……………… 132
仮受消費税 …………………………… 29
為替 …………………………………… 112
簡易課税制度 ………………………… 165
監査役監査 …………………………… 181
管理会計 ……………………… 135, 205
関連会社 ……………………………… 179
企業価値 ……………………………… 210
企業集団 ……………………………… 168
企業全体の資金管理 ………………… 10
キャッシュ・フロー計算書 ………… 132
キャッシュ・マネジメント・システム
　（CMS） …………………………… 121
キャピタル・ゲイン ………………… 82
給与支給明細書 ……………………… 44
勤怠 …………………………………… 44
均等割 ………………………………… 153
金融商品取引法監査 ………………… 185
金融投資 ……………………………… 82
グループ法人税制 …………………… 156
経営資源 ……………………………… 12
経営指標 ……………………………… 206
経営のものさし ……………………… 206
計算書類 ……………………………… 124
継続記録法 …………………………… 21
経費 …………………………………… 68
経費明細表 …………………………… 68
決済 …………………………………… 112
決済用預金 …………………………… 115
決算 …………………………………… 123
決算・予算 …………………………… 10
決算短信 ……………………………… 128
決算調整 ……………………………… 150
月次損益 ……………………………… 58
原価計算 ……………………………… 66
原価計算表 …………………………… 68

原価差異	144
現金基準	61
現金収支予算	104
検収	16
検収基準	27
源泉徴収税	46
購買部門	12
効率性	196
子会社	168
小切手	117
個別対応方式	164
コントロール	208

さ行

債券	85
差異分析	137
財務会計	203
財務活動	87
財務活動に関する資金管理	9
財務諸表	123
財務諸表監査	185
財務レバレッジ	197
材料費	68
材料元帳	68
三様監査	188
仕入計画	13
仕入先元帳	38, 39
仕入税額控除	158
仕入部門	12
事業計画	88
資金管理	87
資金繰り	100
資金繰り表	100
資金ショート	101
資金調達	88
資金予算	104
自己資本	194, 199
自己資本当期純利益率	194
自己資本比率	197
資産の譲渡・売却・処分	93
資産の流動化	94
実現主義	27
実績・予想資金繰り表	102
実地棚卸	21
支払いサイト	109
支払手形記入帳	39
四半期決算	123

資本政策	90
資本的支出	59
資本割	153
社会保険料	46, 50
収益差異	144
収益性	191
就業規則	48
主たる事業活動	7
出荷基準	27
消費税	158
消費税等	158
商品有高帳	19
申告期限の延長	154
申告調整	150
信用調査	14
信用取引	14
信用予算	104
税込処理	166
製造原価明細書	74
成長性	200
税抜処理	166
製品台帳	68
税務	11
設備投資	78
ゼロベース予算	139
増資	97
総資産回転率	192
総資産当期純利益率	191
総資本当期純利益率	191
ソフトウェア	79

た行

滞留債権	34
棚卸計算法	21
短期資金繰り表	102
単純合算	172
地方消費税	158
地方法人税	146
中間申告	154
長期資金繰り予定表	102
貯蔵品	60
賃金給与規程	50
賃金台帳	68
定額資金前渡制（インプレスト・システム）	113
定期預金	116
定時株主総会	125

定量的な経営手法	206
適格請求書等保存方式	166
電子記録債権	41
電子マネー	114
当座借越契約	116
当座預金	115
投資	76
投資活動に関する資金管理	9
得意先元帳	33
特別徴収	53

な行

内部監査人監査	181
内部統制監査	186
年次決算	58, 123
年商	24
年末調整	52
納品基準	27
納品書	16

は行

発生主義	27
発注	14
販売基準	27
非課税	161
1株当たり当期純利益	195
標準報酬月額	51
付加価値	211
付加価値割	153
普通預金	115
別段の定め	148
別段預金	116
法人事業税	146
法人住民税	146
法人税	146
保険積立金	61

ま行

前払費用	63
マネジメント	134
満期返戻金	61
未実現利益	176
未払費用	64
持分法	179

や行

有価証券報告書	124
輸出免税	161
予算管理	137
予算差異分析	143
与信管理	40

ら行

リース取引	81
リードタイム	21
利害関係者	180
領収証	30
連結財務諸表	169
連結消去仕訳	173
連結精算表	172
労働基準法	48
労働保険料	52
労務費	68

[編者紹介]

上野　清貴（うえの　きよたか）

（略　　歴）

1950年　和歌山市に生まれる
1973年　中央大学商学部卒業
1977年　中央大学大学院商学研究科博士前期課程修了
1980年　神戸大学大学院経営学研究科博士後期課程単位取得
　　　　九州産業大学経営学部専任講師
1986年　九州産業大学経営学部助教授
1988年　ユタ大学経営学部客員研究員（～1990年）
1992年　九州産業大学経営学部教授
1994年　長崎大学経済学部教授
1995年　博士（経済学）（九州大学）
2001年　税理士試験委員（～2003年）
2008年　中央大学商学部教授

（主要著書）

『スターリング　企業利益測定論』（訳）同文舘，1990年
『会計利益測定の理論』同文舘，1991年
『会計利益測定の構造』同文舘，1993年（日本公認会計士協会学術賞受賞）
『会計利益概念論』同文舘，1995年
『会計の論理構造』税務経理協会，1998年
『キャッシュ・フロー会計論』創成社，2001年
『公正価値会計と評価・測定』中央経済社，2005年
『会計利益計算の構造と論理』（編著）創成社，2006年
『公正価値会計の構想』中央経済社，2006年
『現代会計基準論』中央経済社，2007年
『現代会計の論理と展望』創成社，2012年
『簿記のススメ』（監修）創成社，2012年（日本簿記学会学会賞受賞）
『会計測定の思想史と論理』中央経済社，2014年
『会計学説の系譜と理論構築』（編著）同文舘，2015年
『人生を豊かにする簿記』（監修）創成社，2015年
『スタートアップ会計学』（編著）同文舘，2015年

現場で使える簿記・会計

2017年4月10日　第1版第1刷発行

編　者　上　野　清　貴
発行者　山　本　　　継
発行所　㈱中央経済社
発売元　㈱中央経済グループ
　　　　パブリッシング

〒101-0051　東京都千代田区神田神保町1-31-2
電話　03(3293)3371(編集代表)
　　　03(3293)3381(営業代表)
https://www.chuokeizai.co.jp/
印刷／㈱堀内印刷所
製本／㈱関川製本所

Ⓒ 2017
Printed in Japan

＊頁の「欠落」や「順序違い」などがありましたらお取り替えいたしますので発売元までご送付ください。(送料小社負担)
ISBN978-4-502-21861-3　C3034

JCOPY〈出版者著作権管理機構委託出版物〉本書を無断で複写複製(コピー)することは，著作権法上の例外を除き，禁じられています。本書をコピーされる場合は事前に出版者著作権管理機構(JCOPY)の許諾を受けてください。
JCOPY〈http://www.jcopy.or.jp　eメール：info@jcopy.or.jp　電話：03-3513-6969〉